청년
필승

청년필승

지은이 | 라원준
펴낸이 | 원성삼
책임편집 | 김지혜
표지디자인 | 김경석
펴낸곳 | 예영커뮤니케이션
초판 1쇄 발행 | 2016년 4월 11일
등록일 | 1992년 3월 1일 제2-1349호
주소 | 136-825 서울시 성북구 성북로6가길 31
전화 | (02)766-8931
팩스 | (02)766-8934
홈페이지 | www.jeyoung.com
ISBN 978-89-8350-942-0 (03230)

값 13,000원

이 도서의 국립중앙도서관 출판예정도서목록(CIP)은 서지정보유통지원시스템 홈페
이지(http://seoji.nl.go.kr)와 국가자료공동목록시스템(http://www.nl.go.kr/kolisnet)에서
이용하실 수 있습니다.(CIP제어번호: 2016008533)

모든 인간은 하나님의 형상을 닮은 존엄한 존재입니다. 전 세계의 모든 사람
들은 인종, 민족, 피부색, 문화, 언어에 관계없이 존귀합니다. 예영커뮤니케이
션은 이러한 정신에 근거해 모든 인간이 존귀한 삶을 사는 데 필요한 지식과 문화를 예
수 그리스도의 사랑으로 보급함으로써 우리가 속한 사회에 기여하고자 합니다.

청년

주께서 네 청춘을 독수리처럼 새롭게 하시리라!

필승

VICTORY

라원준 지음

예영커뮤니케이션

추천사 1

　라원준 목사님의 『청년필승』을 읽으면서 신학 공부를 함께하던 아름다운 학창시절이 눈앞에 다가왔습니다. 언제나 해맑은 모습으로 인사를 나누고 가벼운 발걸음으로 교정을 걸었던 목사님의 모습이 고스란히 글 속에 스며 있습니다. 『청년필승』은 일생을 청년으로 살아가는 목사님 자신의 모습이고, 하나님의 부르심에 순종하며 살아가는 모든 사람이 걸어가야 할 자신의 삶이기도 합니다. 책 페이지를 넘길 때마다 목사님이 자라난 한국과 현재 거주하는 호주뿐 아니라 태평양 물결이 닿는 모든 나라에서 일어나는 아름다운 이야기가 흥미와 감동의 색깔로 그려진 그림처럼 펼쳐지게 될 것입니다.

　저는 이 책을 펼치고서 한 번도 쉬지 않고 다 읽었습니다. 때로 맞장구를 치며 즐거워하고 환호성을 지르며 하늘을 향해 미소를 짓기도 했습니다. 라원준 목사님의 삶이 보여 주는 흥미진 진한 스토리도 감동적이었지만 그를 사용하셔서 당신의 영광을 나타내시는 하나님의 손길을 느꼈고, 하나님의 인도하심을 보았 기 때문입니다.

여러분도 이 책을 펼치는 순간 같은 마음을 느낄 것입니다. 꼭 읽어 보십시오. 청년으로 사는 인생이 무엇인지 보게 될 것입니 다. 청년의 삶이 시작될 것입니다.

류응렬

현 와싱턴중앙장로교회 담임 목사, 전 총신대학교 교수

추천사 2

이 책은 한 편의 잘 정리된 "청년 승리 매뉴얼"입니다.

어디서 읽어 본 듯한 피상적인 이야기가 아닙니다.

사역 현장에서 직접 체득한 진솔한 깨달음이 담겨 있습니다.

이 책의 각 페이지에는 향기가 납니다.

라 목사님의 "청년 사랑 향기"가 납니다.

그 향기가 죽어 있는 문자가 아닌 자신의 삶 속에서 살아 낸 생생한 언어로 전달되어 묵직한 무게로 다가옵니다.

자신의 연약함까지도 진솔하게 내어 놓는 라 목사님의 정직과 용기가 우리의 마음을 열게 합니다.

"청년필승!"

결코 과거에 머물러서는 안 되는, 인생 끝날까지 계속되어야 할 제목입니다!

이 책은 어떤 상황에서도 다시 일어서기를 꿈꾸는 이 땅의 청년들에게 위로와 용기가 될 것입니다.

특히 살아 있는 승리의 간증을 전하기 소망하는 청년 사역자들에게 일독을 권합니다.

이규현
수영로 교회 담임 목사

목차

1부 필승의 초석

2부 필승의 과정

3부 필승의 완성

들어가는 말

"참된 신앙인은 영원한 청년이다!"라는 말이 있다. 그는 하나님이 주신 비전에 이끌려 살아가기에 종종 자신의 나이마저 잊고 살아간다. 세월을 아끼며 푯대를 향하여 믿음의 선한 싸움을 싸우느라 자신의 육체가 노쇠해짐을 느낄 겨를도 없다. 그리하여 마침내 달려갈 길을 다 달린 후에야 자신의 일생을 돌아보게 된다. 그때서야 비로소 그는 기라성 같은 신앙의 선배들처럼 자신도 천국에 입성할 준비를 마친 것을 알게 된다. 이렇게 살아가는 그리스도인의 삶이란 참으로 멋지지 않는가!

그렇다면 삶에 대한 그리스도인 청년들의 태도는 어떠해야 할까? 어린이전도협회 리스 카우프만 Reese Kauffman 국제 총재가 어린이 전도의 효율성에 관해 자주 들려주는 이야기가 있다. "예수님을 믿기 위해서 어른은 '돌이켜' 어린아이와 같이 되어야 하지만, 어린이는 이미 그 자체로 어린아이이기 때문에 그대로 믿기만 하면 된다." 같은 맥락으로 그리스도인 청년은 이미 청년의 때를 보내고 있기에 주께서 날마다 그를 새롭게 청년으로 만들어 주실 필요가 없으며, 다만 청년 특유의 열정과 기백으로 하나님의 나라를 위해 믿음의 날개를 활짝 펴고 날아오르기만 하면 된다고 말할 수 있다.

그런데 오늘날 우리 그리스도인 청년들의 현실은 어떠한가? 안타깝게도 우리 주위의 많은 수의 그리스도인 청년들은 거친 광야를 지배하는 독수리가 아니라 새장에 갇혀 던져 주는 먹이나 바라며 횃대에 앉아 있는 맥없는 독수리의 모습이 되어 있다. 어쩌다 이렇게 되었을까? 왜 그리스도인 청년들마저 스스로 자신들은 88만 원 세대라 한탄하며 세계 선교는 고사하고 학업과 직장이라는 덫에 걸려 주일 성수마저 힘들어하는 나약한 신앙인이 되어 버린 것일까?

나는 그 이유가 바로, 그리스도인 청년이 복음을 삶에서 살아 내지 못하기 때문이라고 진단한다. 만약 그가 복음을 복음으로 제대로 알고만 있다면! 만약 그가 그 복음을 삶에서 살아 낼 수 있는 능력만 가지고 있다면! 만약 그가 삶의 위기 상황에서 복음으로 정면 돌파할 수 있는 믿음만 가지고 있다면! 결단코 그의 삶은 시시하거나 시들시들하지 않을 것이다. 그는 세상이 감당치 못할 믿음의 청년으로 성경의 요셉처럼, 또 다니엘처럼 이 땅에서 하나님 나라를 위한 큰 족적을 남기는 위대한 신앙의 인물이 될 것이다.

　내가 이 책을 쓴 이유가 여기에 있다. 본인은 일찍이 『하나님의 비하인드 스토리』예영커뮤니케이션, 2008 라는 책을 통해 청년의 때에 나의 삶에 일어난 하나님의 역사를 기록한 적이 있다. 이 책이 독자들의 많은 사랑을 받았기에 그 이후 주님의 부르심에 순종하여 그분의 인도하심을 따라갔을 때 계속적으로 하나님께서 나의 삶을 어떻게 형통한 삶으로 인도하셨는지를 하나님의 말씀을 기반으로 하여 간증 형식으로 풀어 놓고자 이 책을 쓰게 되었다. 여기서 "청년필승"이라고 하는 책 제목은 본인의 형인 라원기 목사가 쓴 『청년불패』예영커뮤니케이션, 2015 라는 책의 짝이 되는 개념으로 청년필승이라고 지었다.

　내가 이 책을 쓴 의도는 내 삶을 그대로 본받으라거나 신앙을 그대로 본받으라는 뜻이 아니다. 다만 만삭되지 못하여 난 자 같은 한 선교사가 삶의 수많은 실수와 실패 속에서 그래도 복음으로 살고자 몸부림칠 때 하나님께서 그의 삶에서 어떻게 역사해 주시고, 그의 일생이 어떻게 늘 활기찬 청춘의 삶이 될 수 있는가를 보여 주기 위함이다. 또한 부연하여, 앞서 말한 형통한 삶이란 모든 것이 자신의 의도대로 술술 풀려나가는 삶을 의미하는 것이 아니라 모든 것이 주님의 뜻대로 풀려나가는 삶을 의미하는 것임을 명확하게 짚고 넘어가고자 한다.

그리스도를 참으로 의지하는 신앙인에게는 필승의 삶이 펼쳐진다. 이 삶은 하나님과 함께하는 승리의 삶이다. 그 어떤 시련과 풍파에도 최후 승리를 거머쥘 수 있는 믿음의 행진이다. 이 삶은 신자나 하나님 양쪽 모두에게 모험의 삶이기도 하다. 신자의 편에서는, "내가 믿는 그 하나님이 과연 나를 끝까지 승리하게 도와주실까?"라는 신자의 신앙을 달아보는 시험이며, 하나님 편에서는, "나의 자녀가 과연 나를 의지하고 끝까지 믿음의 경주를 달려가서 승리할 수 있을까?"라는, 하늘의 천사마저 가슴 졸이며 지켜보는 신앙의 행보이다. 그러나 한 가지 확고하면서도 성경에 약속되어 있는 사실은, 하나님을 의지하고 이 모험의 길을 끝까지 완주하는 모든 신자에게는 필승의 삶이 주어진다는 것이다. 이는 성경에 나오는 모든 신앙의 선조들과 우리 선대와 당대의 모든 신앙의 선배들이 삶으로 증명한 진리이다. 이 모험의 여정에 당신을 초대한다!

모쪼록 이 초대를 받아들인 모든 분들은 나에게 역사하셨던 것과 동일한 은혜로 당신의 삶에서 역사해 주실 주 예수님께 늘 시선을 고정시키기를 부탁드린다. 만약 당신이 아직 청년의 때를 맞이하지 않은 청소년이나 어린이라면 청년의 때를 미리 잘 준비하기 바란다. 믿음의 여정에서는 잘 준비된 사람이 더 멀리 갈 수 있는 법이니까. 만약 당신이 청년의 때를 보내고 있다면 이제는 주를 위해 떨쳐 일어나 독수리 날개로 날아오르라. 복음 안에서 약속된 승리는 당신의 것이다. 만약 당신이 청년의 때를 허비했다는 자책감에 괴로워하는 사람이라면 낙심할 필요가 없다. 바울의 고백처럼, "그러므로 우리가 낙심하지 아니하노니 우리의 겉사람은 낡아지나 우리의 속사람은 날로 새로워지도다 _{고후 4:16}."라는 말씀을 기억하기 바란다. 청춘은 나이의 문제가 아니라 마음가짐의 문제이기 때문에 당신에게는 소망이 있다. 이 소망을 붙들고 나아갈 때 주께서는 당신이 상상도 하지 못한 방식으로 당신을 쓰실 수 있을 것이다. 주께서 너무 늦었다 하시기 전까지는 결코 너무 늦은 것이 아니다!

끝으로 이 책을 쓰도록 격려를 아끼지 않은 영적으로나 육적으로 큰 형님이 되시는 라원기 목사께 깊은 감사의 말씀을 전하고자 한다. 또한 지금은 천국에 계시지만 청년 시절 나를 좌로나 우로 치우치지 않는 신앙의 길로 인도해 주신 구의령^{William A. Grubb} 선교사와 어린이전도협회 사역자의 귀감을 몸소 보여 주신 구요한^{John Cook} 선교사께 감사의 말씀을 전한다. 영적으로 어린아이와 같던 나를 위해 수년간 멘토로, 더 나아가 영적 어머니로서 주님의 깊은 마음을 보여 주시고 지금도 나의 가정을 위해 날마다 무릎 꿇으시는 G 보안상의 이유로 실명을 밝히지 않음 선교사의 갚을 길 없는 그 사랑에 그저 가슴 먹먹한 감사의 말씀만 전할 따름이다. 청년 시절 신대원 같은 반에서 수학한 동기를 위해 기꺼운 마음으로 추천사를 써 준 와싱톤중앙장로교회의 류웅렬 목사와 시드니새순교회에서 동역한 인연으로 부족한 자를 위하여 추천사를 써 준 부산 수영로교회의 이규현 목사께도 감사의 인사를 전한다. 아울러 1993년, 황당하게도 성탄절에 결혼식을 거행한 복음의 동역자를 위해 멀리 강릉에서 대구까지 한달음에 달려와 뜨겁고 간절하게 기도해 주신 복음학교의 김용의 선교사께 당신의 기도가 헛되지 않았음을 부끄럽지만 감히 말씀드리고 싶다. 그리고 목회 현장에서 동역자로 함께 주님을 섬길 때 복음을 위해 일생을 드린 목회자의 귀한 본을 보여 주신 오륜교회 김은호 목사께 감사의 말씀을 전하며, 평소에 묵상한 말씀을 책으로 엮어 보라며 따뜻하게 격려해 주신 성현교회 최재호 목사님께도 심심한 감사의 말씀을 전한다.

이곳에서 일일이 이름을 거론할 수는 없지만 주 안에서 동역자 된 사랑하는 어린이전도협회 모든 사역자들과 개인적으로 나를 후원해 주시는 모든 교회와 동역자들께 심심한 감사의 말씀을 드린다. 출석 교회인 시드니히즈스토리교회의 박주현 목사와 매주 만나는 호주 컴미션 중보기도회의 박윤호 선교사, 구미

례 권사 그리고 다른 모든 회원들에게도 특별한 감사의 말씀을 전하고 싶다. 우리가 손잡고 함께 가는 이 길이 참으로 아름다움을 느낀다. 아울러 출간을 맡아 주신 예영커뮤니케이션의 원성삼 대표와 편집부 가족에게도 고마운 마음을 전한다. 이 순간 고 김승태 장로께서 함께하실 수 있었더라면 참으로 기뻐하며 축하해 주셨을 것이라 생각하니 새삼 눈시울이 뜨거워진다. 그리고 나의 가족을 위해 날마다 중보기도하시는 양가 부모님과 언제나 나를 믿고 묵묵히 순종하며 따라와 주는 돕는 배필인 김라라 하나님이 주신 새 이름: 보령 선교사와 나의 기쁨이자 자랑의 면류관인 한별이와 찬별이에게 가슴 벅찬 사랑과 감사를 전한다. 그 무엇보다 나의 일생을 늘 청춘의 벅찬 감격으로 가득 채우시는 성삼위 하나님께 찬양과 영광을 돌려드린다.

모쪼록 이 책을 읽는 모든 독자가 청춘을 새롭게 하시는 살아 계신 하나님을 체험하며 이 책의 모든 내용이 오직 하나님의 영광만을 드러내기를 간절히 기도한다.

라원준
시드니에서

시작하면서

"나는 너를 포기하지 않는다!"

─────

오늘날 청년들의 문제는 이 세상이 주는 절망을 너무 깊이 알아 버린 데 있는 것이 아니라 하나님이 주시는 소망을 너무 모르는 데 있다. 청년의 때에 그 무엇보다 하나님을 목마르게 찾으라. 그분은 당신의 목마름에 반드시 응답하신다. 세상 모든 사람이 당신을 포기하여도 하나님은 결코 당신을 포기하지 않으신다!

2010년경이었던 것으로 기억된다. 당시 나는 캐나다 위니펙을 방문하게 되었다. 어린이전도협회 자치국가 회의^{CEFON} 가 그 해에 캐나다에서 열리게 되었기 때문이었다. 어린이전도협회 아시아태평양 지역대표로서 나는 CEFON의 회원 자격을 지니고 있었기에 회의에 참석하는 것이 필수였다. 나의 거주지인 시드니에서 위니펙으로 가는 직항이 없었기에 한국과 캐나다 토론토를 경유하여 위니펙으로 들어가는 항공권을 구입할 요량이었다. 항공권을 구입하기 직전, 한국에서 위니펙 회의에 함께 참가하게 된 어린이전도협회 당시 한국 대표였던 조정환 목사와 간략한 전화 통화를 하게 되었다.

"조 대표님, 이번에 함께 위니펙에 가게 되어 반갑습니다. 저는 토론토를 경유해서 가는데 목사님은 어디를 경유하시는지요?"

"저 역시 토론토를 경유합니다."

"잘 되었습니다. 그럼 우리 토론토에서 만나서 함께 국내선으로 위니펙에 가도록 하지요."

"그런데 혹시 토론토에서 하루를 뺄 수 있으신지요? 꼭 다녀와야 할 곳이 있습니다."

"그곳이 어디인가요?"

"가서 크게 고함을 지르면 젊어지는 곳이랍니다."

"그런 곳이 있습니까?"

"예, 있습니다. 그 앞에 서서 '나이야, 가라~!'라고 고함지르면 청춘으로 돌이킬 수 있다 합니다."

조 목사의 썰렁한 농담을 듣고 나서야 나는 조 목사가 말하는 곳이 그 유명한 나이아가라 폭포임을 알게 되었다. 요점인즉, 기왕 캐나다 토론토까지 갔으니 하루를 연장하여 나이아가라 폭포 관광을 하고 위니펙으로 들어가자는 제안이었던 것이다. 사실 나는 어디를 가든지 일부러 시간을 내어 관광은 하지 않는 편이지만, 일행이 제안하면 마다하지 않고 응하는 편이기도 하다. 아니 이번에는 일부러 관광 일정을 제안해 준 조 목사가 고맙기까지 했다. 미처 거기까지는 생각하지 못했지만, 나 역시 나이아가라 폭포에 꼭 한번 가 보고 싶었던 것이다. 이렇게 하여 나와 조 목사는 하루 시간을 내어 나이아가라 폭포 관광을 하게 되었다.

금요일 아침, 현지 관광가이드를 하는 분이 우리를 데리러 숙소로 찾아왔다. 나이아가라 폭포는 숙소에서 대략 2시간 거리에 있다고 했다. 커다란 밴을 관광가이드가 운전하고 승객은 우리 일행 두 사람만으로 구성된 단출한 여행이었다. 운전석 위에 있는 룸미러에 십자가가 걸려 있어서 교회를 다니는 분으로 여겨졌다. 아니나 다를까 그분은 자신을 집사라고 소개했고, 우리는 자연스럽게 한국과 호주 시드니에서 온 목사라고 스스로를 소개했다. 의아하게도 그분은 '호주 시드니'란 말을 듣자 운전하는 내내 계속해서 고개를 갸웃거리더니 마침내 조심스럽게 말을 꺼냈다.

"목사님, 호주에 가신지 얼마나 되셨나요?"

"한 5년 정도 되었습니다."

"그렇다면 현지 한인 목사님들도 잘 아시겠네요?"

"많이 알고 있습니다. 왜 그러시는지요?"

"저희 교회에 청년이 하나 있는데, 기도하는 가운데 호주로 가라는 하나님의 음성을 듣고 무작정 시드니행 항공권을 구입하여 며칠 내로 시드니로 간다는데, 목사님이 호주 시드니에서 오셨다니 뭔가 하나님께서 연결시켜 주시는 느낌이 들어서요. 혹시 오늘 그 청년을 만나 주실 수 있는지요? 목사님이 내일 아침에 떠나신다 하니 오늘 아니면 시간이 없습니다."

관광가이드 집사님의 말을 듣던 나는 뭔가가 있다고 직감적으로 느낄 수 있었다. 그리고 그 청년을 꼭 만나고 싶었다. 그분이 워낙 조심스럽게 말을 꺼냈기에, 나는 "그러죠. 그 청년을 만나겠습니다."라고 말하면 그 순간 나이아가라 관광을 포기하고 바로 차를 돌려 그를 만나러 가야 하는 것으로 알았다. 설사 그렇다 하더라도 우리는 '사람을 만나는 것'을 그 무엇보다 중요한 사역으로 알고 있는 목사들이므로 그 사명에 충실하기로 했다.

"예, 알겠습니다. 만나러 갑시다. 차를 돌리시지요."

"아이고, 아닙니다. 지금 당장 만나는 것은 아니고요, 그 청년이 빨래방^{coin laundry}을 하는 어머니를 도와야 하기에 가게를 청소하고 정리하면 밤 12시가 되어야 만날 수 있습니다."

집사님은 손사래를 치면서 이렇게 설명을 했다. 즉, 다음 날 아침 비행기를 탈 사람에게 한밤중에 사람을 만나 달라고 부탁하는 것이 조심스러웠던 것이었다. 나는 말했다.

"그렇다면 더 좋습니다. 관광을 마치고 숙소에서 쉬고 있을 테니 밤 12시쯤에 저희를 데리러 오십시오."

한밤중에 영업하는 곳이라고는 패스트푸드 음식점밖에 없어서 우리는 "웬디스^{Wendy's}"에서 그 청년과 어머니를 만날 수밖에 없었다. 그의 이름은 심경진^{Andrew Sim}이었고 중학교 3학년 때 온 가족이 한국에서 캐나다로 이민을 왔다고 했다. 어머니는 토론토에서 멀쩡히 대학을 졸업한 아들의 갑작스러운 시드니로의 이주 결단에 당혹감과 초조감을 감추지 못하는 표정이었다. 믿음이 있다 하면서 종종 엉뚱한 신앙의 결정을 내리는 그런 청년이 아닐까 우려했던 것과 달리 그는 믿음과 성령이 충만한 그리스도인 청년이었으며, 비즈니스를 통한 북방 선교에 자신의 일생을 드렸다고 했다. 실제로 그는 당시 이미 20여 개 국가에 단기 선교를 다녀왔다고 했다. 나는 그에게 물어보았다.

"어째서 호주 시드니인가요? 그곳에는 아는 사람도 없다면서요?"

"목사님, 제가 기도하는 중에 호주 시드니로 가라는 말씀을 세 번이나 분명하게 들었습니다. 처음에는 저도 너무 황당하여 무시하려 애썼지만, 세 번이나 말씀하셔서 어쩔 수 없이 호주로 가서 거주할 수 있는 길이 있는지 알아보기 시작했습니다."

경진 형제의 말에 따르면 기도 중에 너무나 분명히 말씀하셨기에 마지못해 자신이 호주 거주비자를 받을 수 있는지 알아보기 시작했다 한다. 그러나 예상대로 그것은 거의 불가능해 보였다. 현실적으로 유일하게 가능한 길은 호주의 어느 정도 규모가 있는 회사가 자기를 지목하여 직원으로 뽑고 정식 계약서를 작성한 후 자신을 초청해 주는 것인데, 어떤 회사가 배경을 알지도 못하는 타국의 청년에게 그런 호의를 베풀 것인가! 그러니 자신이 호주로 가서 거주한다는 것은 불가능해 보였다는 것이다. 그런데 이렇게 안 되는 것이라고 포기하고 있는데, 기도 중에 세 번째로 호주 시드니로 가라는 음성을 듣자 슬그머니 불안한 마음이 들었다 한다.

'혹시 내가 호주 비자를 받을 수 있는 길이 있는데 철저하게 확인해 보지 않은 것이 아닐까?'

그런 생각이 들자 그는 호주 영사관 홈페이지에 들어가서 비자 관련 정책을 하나하나 일일이 확인해가기 시작했다. 거의 마지막 부분에서 그는 '특별 비자 카테고리'란 것을 발견하게 되었는데 그 내용인즉, 호주 정부가 인정하는 전 세계의 유수한 대학교를 졸업한 학생의 경우 조건 없이 6개월의 비자를 허락한다는 것이었다. 물론 6개월 이내에 호주 현지에서 취업이 되고 회사가 그를 계속 고용하기 원한다면 비자를 연장해 줄 수 있다는 조건이었다. 이는 호주 정부가 외국의 우수한 두뇌를 끌어들이기 위해 운영하는 정책이었던 것이다.

그 카테고리를 클릭해 보니 몇몇 학교의 이름이 보였는데, 대부분 명문이라 할 수 있는 미국 아이비리그의 학교들이었다고 한다. 그런데 뜻밖에도 토론토에 있는 자신이 졸업한 대학의 이름을 발견할 수 있었다고 한다. 그래서 그 학교를 클릭해 보니 이런 제한 문구가 있었다. "공과대학에 한함." 나중에 알고 보니 자신이 졸업한 대학의 공대가 세계 대학 평가에서 캘리포니아 공대 칼텍 와 MIT 공대 사이에 자리하는 세계 2위의 유수한 공과 대학이었던 것이었다. 그리고 자신은 그 대학의 다른 학과가 아니라 바로 그 공과대학을 나온 것이었고!

이렇게 하여 그는 호주 시드니로 가는 것이 하나님의 뜻임을 확신하고 비자를 받은 후 어머니의 간곡한 만류에도 호주 시드니행 항공권을 구입한 후 며칠 있으면 떠날 준비를 하고 있었던 것이다. 사실 준비래야 여행 가방 하나 달랑 들고 가는 것이긴 했지만, 시드니 공항에서 자신을 마중 나올 사람도 없고 당장 그날 자신의 몸을 누일 숙소조차 알아보지 않은 상태였던 것이다.

여기까지 말을 들은 나는 그 청년이 아브라함처럼 하나님의 음성에 순종하여 갈 바를 알지 못하고 본토 친척 아버지의 집을 떠나는 믿음의 청년임을 알게 되었다. 마침 나는 그 당시 시드니에서 SINI라는 믿음의 기업에서 지도 목사로 활동하며 많은 청년들과 함께 공동체 생활을 하던 정규재 목사를 알고 있었기에 그 청년을 정 목사에게 연결시켜 주었다. 그 이후 그가 시드니에 도착했고, 정 목사는 숙소를 포함하여 모든 사항을 불편 없이 해결해 주었다. 놀라운 것은 그 청년이 시드니에 도착하자마자 며칠 내로 제1회 비즈니스 선교 포럼이 몇 주간 열렸고, 그 포럼을 마친 직후 영국계 회사가 그를 스카우트해서 안정된 직장이 생겼다는 것이다. 그 후 그는 이직을 통해 더 나은 회사로 옮겼고, 그 회사를 통해 호주 영주권을 받았다. 현재 그는 호주에서 만난 자매와 결혼하여 첫 아들을 낳았고 시드니새순교회에서 자신의 사명을 감당하고 있다.

호주에 정착한지 얼마 지나지 않아서 경진 형제는 우리 집을 방문하여 자신의 놀라운 간증을 들려주었다.

"목사님, 제가 청소년 때는 그야말로 비행 청소년이었어요."

나는 뜨악한 마음을 감출 수 없었다. 이렇게 번듯한 믿음의 청년이 청소년기에는 주님을 전혀 모르고 세상을 원망하는 분노에 가득 찬 젊은이였다는 것이 상상이 가지 않았다. 나는 길지 않은 그의 인생에 어떤 이야기가 숨겨져 있는지 듣고 싶은 강한 호기심을 느꼈다.

경진 형제의 가정은 그가 중학생이었을 때 한국에서 캐나다로 이민을 왔다고 했다. 거의 대부분의 이민자들이 그러하듯 그의 부모도 보다 나은 환경과 자녀 교육을 위해 캐나다 행을 선택한 것이었다. 그러나 현실의 벽은 언제나 냉정한 법. 낯선 환경과 경제적 압박으로 인해 그의 부모님은 점점 말다툼을 하는 빈도가 잦아졌고 마침내는 별거라는 극단적인 선택을 하게 되었다. 그래서 아버지는 집을 나가셨고 그는 엄마와 여동생과 함께 살게 되었다. 설상가상으로 학교에서는 눈이 찢어진 동양인이라고 학교 친구들로부터 놀림을 당하는 일이 잦았다.

이렇게 되자 경진 형제의 마음에는 서서히 분노가 차오르기 시작했다. 자신의 의지와는 상관없이 캐나다로 오게 된 것에 대한 분노, 별거 중인 부모님에 대한 분노, 자신을 놀려대는 학교 친구들에 대한 분노, 캐나다 사회에 대한 분노…. 그 무엇보다도 이러한 상황을 바꿀 능력이 없는 자신에 대한 분노가 가장 컸다고 한다. 그래서 그는 고등학생이 되면서부터 자신처럼 세상을 원망하는 비행 청소년들과 어울리기 시작했다. 한 달씩 학교에 무단결석을 하고 불량한 친구들과 어울려 다녔다. 당시 누구라도 그들 무리를 보면 고개를 젓곤 했다.

그러던 어느 날, 방학을 마치고 돌아온 비행 청소년 무리의 한 친구가 다른 친구들을 만나자마자 소리쳤다. "얘들아, 나 예수님을 만났어. 그분을 인격적으로 영접했단 말이야. 이 예수님을 너희들도 만나야 해." 알고 보니 목사의 아들이었던 그 친구는 방학 중에 수련회를 참석했다가 극적인 회심을 경험한 것이었다. 그러나 애타는 그의 호소가 다른 친구들의 귀에 들어올 리가 없었다. 그는 그날로 그 그룹에서 강제로 탈퇴를 당했다. 마지막 헤어지면서 그는 이렇게 말했다 한다.

"난 너희들 모두가 예수님을 만날 때까지 기도를 멈추지 않을 거야."

　그러나 그 친구의 간절한 선포는 비웃는 친구들의 얼굴 너머로 덧없이 흩어져 버리고 말았다.

　고등학교 3학년이 되자, 그는 더 이상 견딜 수 없는 지경이 되었다. 그야말로 분노에 가득 찬 젊은이가 되어 터질 것 같은 내면의 분노를 다스릴 길이 없게 된 것이었다. 그는 생각해 보았다.

　'이대로 가출해 버릴까?'

　하지만 그는 혹독한 캐나다의 겨울을 노숙자로 보낼 자신이 없었다. 겨울이 닥치면 반드시 얼어 죽을 것만 같았던 것이다. 그래서 생각을 고쳐 먹었다.

　'그래, 집 밖에서 노숙자가 될 수 없다면 집 안에서 노숙자가 되자.'

　그렇게 결심한 순간 그는 자신의 방으로 들어가 방문을 잠가 버리고 세상과의 소통을 단절했다. 어머니가 아무리 말을 걸어도 대꾸하지 않고 오로지 분노에 찬 상태로 방안에 우두커니 앉아 있었던 것이다. 식사는 물론 대소변도 방 안에서 해결하고 일절 방 밖으로 나오지 않았다. 호소하고 통곡하던 어머니는 몇 주가 지나자 포기했는지 조용히 음식만 방 앞에 차려 주셨다. 그런 상태가 한 달간 지속되었다.

그러던 어느 날 하루 종일 집안이 너무나 조용하여 이상하게 여기던 그는 문 안쪽으로 들이밀어 놓은 쪽지를 보게 되었다.

"경진아, 네 동생과 나는 급한 일이 생겨서 며칠 집을 비우게 되었다. 방 안에서 굶지 말고 꼭 나와서 뭘 만들어 먹든지 사 먹든지 해라. 며칠 후에 올게."

집 안이 조용한 이유를 알게 된 그는 한 달 만에 처음으로 방 밖으로 나온 후 잠시 생각에 잠겼다.

'이제라도 가출하여 노숙자가 될까?'

그런 생각을 하면서 문득 자신의 몸을 살펴보니 사람의 꼴이 아니었다. 한 달 간의 '방 안 노숙 생활'로 인해 수염은 텁수룩하고 온몸에서는 형용할 수 없는 냄새가 나고 있었다.

'가출할 때 하더라도 샤워를 하고 옷을 갈아 입고 해야겠다.'

이렇게 결심한 그는 샤워실로 향했다. 옷을 벗고 막 샤워기의 수도꼭지를 돌리려는 순간 그는 평생 잊지 못할 경험을 하게 되었다. 갑자기 눈앞에 엄청난 크기의 스크린이 펼쳐진 것이었다. 기독교에서 말하는 '환상'이 눈앞에 펼쳐진 것이었다. 깜짝 놀라 그 스크린을 주목해서 보니 온통 금빛 모래가 가득한 사막의 광경이었다.

'지금 내게 무슨 일이 일어나고 있는 거지?'라고 생각하며 사막을 바라보던 그는 개미떼와 같은 것이 꼬불꼬불 움직이는 모습을 보게 되었다. 그 모습이 점점 클로즈업 되어 오는데 충분히 커진 후에 보니 그것은 개미떼가 아니라 대상이 한 무리의 낙타를 몰고 사막을 건너는 모습이었다. 그리고 그 스크린은 대상 일행 중에서도 유독 한 젊은 청년의 얼굴을 클로즈업해 주었다. 그 청년의 얼굴을 보는 순간 그는 그것이 누구인지를 직감적으로 알게 되었다. 비록 교회를 다녀본 경험은 별로 없었으나, 그 청년이 바로 성경 창세기에 나오는 요셉인 것을 짐작할 수 있었다. 그랬다. 하나님께서 형제들로부터 노예상에 팔려 애굽으로 끌려가는 요셉의 얼굴을 환상 중에 그에게 보여 주신 것이었다!

'아, 요셉이구나.'라고 생각하는 순간 온 천지를 울리는 천둥과 같은 웅장한 하나님의 음성이 그의 고막을 때렸다.

"세상 모든 사람이 너를 포기하여도 나는 너를 포기하지 않는다!"

그 음성을 들은 그는 그 자리에서 고꾸라지고 말았다. 나중에 어머니와 여동생이 집에 돌아왔을 때, 말쑥하게 면도하고 깔끔한 옷으로 갈아입은 아들은 어머니 앞에 무릎을 꿇고 말했다.

"어머니, 제가 정말 잘못했어요. 앞으로는 어머니 속 썩이지 않고 열심히 살게요. 그리고 저 예수님 영접했어요."

그 후 그는 열심히 공부하여 앞서 말한 공대에 들어갔고, 졸업후 여러 나라에 선교 여행을 다녀오고 선교에 일생을 드린 독실한 그리스도인 청년이 되었던 것이다.

"목사님, 그 환상을 보았을 때 제게 가장 위로가 되었던 것이 무엇인지 아세요?"

"그게 무엇이었는데?"

"제가 본 요셉의 얼굴은 저와 꼭 마찬가지로 분노로 가득 차 있었어요."

그랬을 것이다. 요셉이 어떤 상태로 애굽으로 끌려갔을지 우리는 알 수 없지만, 희희낙락하며 가지는 않았을 것이 분명하다.

"제 나이 또래에 분노로 가득 찬 한 청년을 하나님이 변화시켜 애굽의 총리로 사용하실 수 있었다면, 그 하나님은 저 역시 사용하실 수 있다는 강한 확신이 들었는데, 그것이 그 어떤 것보다 제게는 큰 위로가 되었어요."

친구들의 영혼이 모두 주께 돌아올 때까지 절대로 기도를 멈추지 않겠다던 한 그리스도인 청년의 기도가 놀라운 방법으로 응답된 것이다. 그 친구의 기도 응답은 여기에 그치지 않고 후에 불량 청소년 그룹에 속해 있던 아이들 중 두 사람 역시 전임 사역자와 선교사가 되었다고 한다. 실로 이것은 복음의 능력이 얼마나 강한지를 잘 보여 주는 이야기가 아닐 수 없다.

그렇다! 우리 하나님은 나약하고, 세상과 자신을 저주하는 분노에 가득 찬 청년을 복음으로 변화시켜 하나님의 나라를 위해 위대하게 사용할 수 있는 분이시다. 오늘날 청년들의 문제는 이 세상이 주는 절망을 너무 깊이 알아 버린 데 있는 것이 아니라 하나님이 주시는 소망을 너무 모르는 데 있다. 청년의 때에 그 무엇보다 하나님을 목마르게 찾으라. 그분은 당신의 목마름에 반드시 응답하신다. 세상 모든 사람이 당신을 포기하여도 하나님은 결코 당신을 포기하지 않으신다!

2013년 갓 결혼한 경진 형제가 보내온 성탄 축하카드

1부

필승의 초석

구원과 영생의 복음

1장

회심을 경험하라

이렇게 복음으로 모든 것이 회복된 인생이 하나님의 손에 쓰임 받을 때 그 존재 가치가 빛나게 된다. 복음으로 인한 회복을 경험하지 못한 영혼들은 자신의 존재 가치를 돈, 명예, 지위, 각종 중독 등에서 찾고자 하지만 그 모든 것은 결코 인생의 존재 가치를 충족시켜 주지 못한다. 오직 하나님 손에 붙들려 쓰임 받는 인생만이 빛나는 존재 가치를 지니게 되는 것이다.

지금 생각해 보면 어린 시절 나는 종교심이 꽤 강했던 아이였던 것 같다. 초등학교 4학년 무렵, 사람이 왜 이 세상에 태어나며 또 사람이 죽으면 어떻게 되는지에 관해 한 달 가량 식음을 전폐하다시피 진지하게 고민했던 기억이 있으니 말이다. 그때 누군가가 나에게 복음을 전해 주었더라면 나는 두 번 생각하지도 않고 예수님을 영접했을 것이다. 그러나 그 누구도 나에게 복음을 들고 찾아오지 않았고, 그 결과 나는 각자에게 주어진 삶의 모든 순간을 최대한 즐기는 것이 인생의 목적이라는 나름대로의 결론을 내리고 그때 이후로는 열심히 '즐거움'을 추구하는 삶을 살았다.

그러던 어느 날, 우리 가족은 매우 중대한 결정을 내리게 되었다. 어머니께서 심각한 안과 질환이 있으셔서 수년간 불교와 무속을 포함한 여러 종교를 전전하며 치유를 구하다가 이것도 저것도 안 되니 마침내 온 가족이 기독교를 '믿어 보기로' 결정하고 당일로 집 앞의 교회에 등록한 것이었다. 그래서 나 역시 중학교 2학년 때 가족과 함께 교회에 등록하게 되었다. 졸지에 타의로 교회학교 중고등부 학생이 되어 버린 것이다.

그러나 안타깝게도 우리 가족이 등록한 교회는 자유주의 신학을 신봉하는 특정한 교단에 속한 교회였다. 그래서 강단에서 흘러나오는 메시지는 대부분 민중신학과 해방신학에 관한 것이었고, 수련회를 가서도 예배와 말씀보다는 양동이에 막걸리를 부어 놓고 표주박으로 떠서 마시며 시국 토론을 하는 것이 주축이 되었던 것이다. 어린 마음이었지만 그때, "이것은 수련회가 아니라 술연회구나." 하고 생각했던 기억이 난다. 상황이 이러했기에 중고등부를 거치며 대학교 1학년의 청년부 회원이 되기까지 나는 복음과는 거리가 먼 종교로서의 교회 생활을 하게 되었다. 고등학생 때 세례를 받고 고등부 회장까지 역임했으나 안타깝게도 나는 십자가 복음을 분명하게 접해 보지 못했던 것이다.

하지만 사랑과 긍휼의 하나님은 나를 향한 특별한 계획을 가지고 계셨다. 대학 1학년 때 형님이 회원으로 활동하는 영어성경동아리에 가입했고, 그곳에서 영어로 복음을 듣게 된 것이다. 당시 대구 지역에서 대학생들을 위해 사역하시던 구의령 ^{William A.}

Grubb 선교사를 통해 영어 성경을 배우는 가운데 자연스럽게 복음을 듣게 되었다. 신기한 사실은 이렇게 복음을 듣고 이해했으며, 더 나아가 복음을 이해하지 못하는 다른 이들에게 열을 올리며 복음을 설명해 주는 데까지 이르렀으나, 정작 나 자신은 예수 그리스도를 영접하지 않은 상태였다는 것이다. 이것을 어떻게 설명할 수 있을지 모르겠으나, 아무튼 복음을 이해하고, 남에게 전하기까지 하면서도 정작 자신은 복음을 진정으로 받아들이지 못한 상태였던 것이다. 누군가 천국과 지옥의 거리는 30cm, 즉 머리에서 가슴까지의 거리라고 했는데 당시 나는 머리에만 머물러 있는 신앙인이었던 것이다.

이런 기이한 현상을 야고보는 자신의 서신인 야고보서에서 정확하게 진단하고 있다. 야고보서 2장 17절에서 그는, "이와 같이 행함이 없는 믿음은 그 자체가 죽은 것이라."고 확증한다. 누구든지 믿음이 있다 하나 그가 어떠한 믿음의 결과도 보여 주지 못한다면 그가 가진 믿음은 죽은 믿음 Dead Faith 이다. 이런 믿음에는 구원이 없다. 거기서 조금 더 나아간 믿음이 있는데 그것은 야고보서 2장 19절의 "네가 하나님은 한 분이신 줄을 믿느냐 잘하는도다 귀신들도 믿고 떠느니라."라는 말로 설명되는 귀신들이 가진 믿음 Demonic Faith 이다. 이것은 하나님이 계신 것을 머리로는 인정하고 받아들이는 믿음이다. 그러나 이 믿음 역시 구원에 이르게 하지는 못한다. 구원에 이르게 하는 진정한 믿음은 야고보서 2장 22절에서 설명되고 있다. "네가 보거니와 믿음이 그의 행함과 함께 일하고 행함으로 믿음이 온전하게 되었느니라." 이 믿음은 순종을 통한 행함이라는 결과가 따르는 믿음^{Dynamic Faith}이다. 오직 이러한 믿음만이 사람을 구원에 이르게 한다.

나의 믿음이 머리에서 가슴으로 이동하는 구원의 사건이 일어난 것은 대학교 1학년인 1985년 9월경이었다. 그 무렵 우리 가족이 다니던 교회의 담임 목사님이 하나님의 은혜를 깊이 체험하는 경험을 하셨다. 그때 이후 목사님의 메시지가 180도 달라졌고, 설교마다 은혜가 넘치기 시작했다. 초청하는 외부 강사도 매우 은혜로운 분들이 오기 시작했다. 또한 전교인 특별 부흥성회가 자주 열렸다. 그중에 시각장애인 목사님이 부흥 강사로 오신 부흥성회가 있었는데, 강사 목사님의 설교에 이어 기도 시간이 진행되기 직전에 모든 회중이 찬양을 한 곡 불렀다. 그런데 이전에 무수히 불렀던 그 찬양 가사가 그날따라 내 마음을 파고 들었다.

그때 그 무리들이 예수님 못 박았네

녹슨 세 개의 그 못으로

망치 소리 내 맘을 울리면서 들렸네

그 피로 내 죄 씻었네.

이 찬양을 부르는 가운데 성령님께서는 "그때 그 무리"가 바로 나라는 진리를 환하게 밝혀 주셨다. 나의 죄로 인해 예수님이 십자가에 못 박혔다는 사실이 내 심령 깊은 곳에서 고백되었다. 찬양이 이어졌다.

주여 저들의 죄를 용서하여 주소서

주님 눈물로 기도했네

귀중한 그 보배 피 나를 위해 흘렸네

그 피로 내 죄 씻었네.

주님의 보혈로 인해 내 모든 죄가 사함 받았다는 놀라운 감격이 내 마음을 가득 채우기 시작했다. 나는 눈물을 흘리며 찬양했고, 이어지는 기도 시간에 예수님을 영접했고 내 마음과 삶을 주님께 드렸다.

놀랍게도 그날 이후 모든 열등감이 사라졌다. 또래들에 비해 키가 작은 것도, 내성적인 성격으로 인한 콤플렉스도, 여드름투성이의 비쩍 마른 몸매도 아무런 문제가 되지 않았다. 나는 하나님의 자녀요 존귀한 존재라는 자존감이 충만해졌다. 그 당시는 정확히 몰랐지만, 복음에는 만물을 회복시키는 하나님의 능력이 충만했기 때문에 그런 현상이 일어난 것이다. 실로 우리가 믿는 복음은 모든 것을 회복시키는 능력이 있다. 훗날 어린이 사역자로서 공과를 준비하며 사무엘하 9장의 다윗과 므비보셋 이야기를 묵상하는 가운데 나는 이 회복의 진리를 넘치는 감격으로 만나게 되었다.

사무엘하 9장에는 다윗의 일생 중 매우 독특한 한 가지 사건이 기록되어 있다. 다윗이 이스라엘의 왕이 되어 주변의 적들을 물리치고 나라가 안정되어 가던 무렵, 그는 자신이 사울 왕의 미움을 받아 도망 다닐 당시 친구 요나단과 맺은 맹세를 갑자기 기억하게 되었다. 그 맹세의 내용은 사무엘상 20장 14-16절에 상세히 나온다.

> 너는 내가 사는 날 동안에 여호와의 인자하심을 내게 베풀어서 나를 죽지 않게 할 뿐 아니라 여호와께서 너 다윗의 대적들을 지면에서 다 끊어 버리신 때에도 너는 네 인자함을 내 집에서 영원히 끊어 버리지 말라 하고 이에 요나단이 다윗의 집과 언약하기를 여호와께서는 다윗의 대적들을 치실지어다 하니라.

다윗이 사무엘하 9장 1절에서 사울의 집에 아직도 남은 사람이 있는지를 물은 이유는 혹시라도 요나단의 후손이 살아 있고, 그가 비참한 지경으로 살고 있다면, 그에게 인자를 베풀겠다고 한 요나단과의 언약을 본의 아니게 어기는 것이기 때문이었다. 다윗이 위대한 신앙인이었던 이유 중에 하나는 자신이 한 약속을 기억했을 뿐 아니라 그것을 적극적으로 지키고자 애썼다는 점이다. 사실 요나단의 후손은 정치적으로는 자신의 정적이라 할 수 있다. 만약 그를 살려 둔다면 그를 앞세워 반란을 꾀하는 무리가 얼마든지 나타날 수 있으므로 당시의 관습으로는 절대 살려 둘 수 없는 존재가 바로 이전 왕가의 후손들이었던 것이다.

계속해서 본문을 보면 다윗의 물음에 사울 왕의 종이었던 시바가 요나단의 아들이 살아 있다고 실토한다. 요나단의 아들 므비보셋은 왕족으로 태어난 사람이었다. 그는 사울 왕의 손자로 태어났다. 할아버지 사울은 이스라엘의 왕이었고 아버지 요나단은 사울의 뒤를 이어 이스라엘의 왕이 될 사람이었다. 므비보셋은 왕의 자리가 보장된 그런 축복된 인생으로 태어났다. 그런데 므비보셋이 다섯 살 때 아주 비극적인 일이 일어났다. 아마도 어린 그에게 한날한시에 끔찍한 비보가 전해졌을 것이다. 나는 이것을 므비보셋의 이름을 따라 "비보 셋!"이라 명명해 본다.

- 비보 하나: 이스라엘의 왕인 할아버지 사울과 왕자인 아버지 요나단이 전
  쟁터에서 함께 죽임을 당했다.
- 비보 둘: 할아버지의 정직한 다윗이 왕이 되었기 때문에 자신은 이제 왕권
  을 물려받을 수 없게 되었다.
- 비보 셋 (가장 끔찍함): 새로운 왕이 자신을 찾아서 죽일 것이다.

우리가 알다시피 사울과 요나단은 블레셋과의 전쟁에서 전사
하고 말았다. 새로운 왕이 선출되었고, 므비보셋은 생명이 위태
롭게 되었다. 그 소식을 들은 유모가 그를 안고 도망가다가 떨어
뜨려 두 발을 모두 못 쓰게 되었다. 이제 그는 왕궁을 떠나 비참
하게 불구자로 숨어 살 수밖에 없게 되었다. 만약 새로운 왕에게
발각되면 죽임을 당할 운명에 처한 것이다.

이것이 바로 하나님을 떠난 죄인의 비참함이다. 므비보셋이
왕의 낯을 피하여 숨을 수밖에 없었던 것처럼, 죄인은 하나님의
낯을 피해 숨어야만 하게 되었다. 선악과를 따 먹고 하나님의 낯
을 피해 나무 사이에 숨은 아담 이후 모든 인류는 하나님을 두려
워하며 그분의 낯을 피하는 존재가 되어 버리고 만 것이다. 더
군다나 므비보셋이 두 발이 절뚝발이가 된 것처럼 죄인은 영적
으로 불구자가 되었다. 므비보셋이 왕에게 발각되면 죽임을 당
할 수밖에 없는 것처럼 죄인이 죄를 해결하지 못하고 죄인인 상

태 그대로 하나님께 발각되면 죽임을 당할 수밖에 없다. 왜냐하면 죄의 삯은 사망이기 때문이다. 죄인인 상태로 하나님의 심판대 앞에 서면 큰일 난다. 최대한 숨어 다니면서 왕의 낯을 피해야 한다. 왕의 낯을 피해 다니면서 인생의 컴컴한 뒷골목의 삶이 가져다주는 잠깐의 쾌락도 즐겨 보겠지만 근본적으로는 비참한 인생이다. 이러한 소망 없는 인생에 놀랍게도 예수 그리스도의 복음이 찾아왔다.

다윗이 므비보셋에게 은총을 베풀기로 결심한 이유는 딱 하나다. 사무엘하 9장 7절에서 "요나단으로 말미암아"라고 다윗이 말하고 있는 그대로, 그것은 바로 친구 요나단과의 약속 때문이었다. 요나단이라는 이름의 뜻은 "여호와께서 주셨다"로, 이는 우리의 구원을 위해 여호와께서 우리에게 주신 예수 그리스도를 생각나게 하는 이름이다. 므비보셋은 다윗 왕에게 은총을 받을 만한 잘한 것이 전혀 없지만 요나단의 아들이라는 이유 하나만으로 비참한 삶에서 구원을 얻는다. 죄인인 우리 역시 하나님의 구원의 은총을 받을 만한 아무런 공로가 없다. 단지 예수님을 영접했다는 이유밖에는 없는 것이다.

왕의 부름을 받은 므비보셋은 떨면서 다윗 왕에게 나아왔다. 6절에서는 "사울의 손자 요나단의 아들 므비보셋이 다윗에게 나아와 그 앞에 엎드려 절하매 다윗이 이르되 므비보셋이여 하니 그가 이르기를 보소서 당신의 종이니이다."라고 그 상황을 묘사한다. "선생님이 너를 부르신다." 이 말을 듣는 순간 학생은 어떤 기분이 들까? 그것은 그가 모범생인지 혹은 문제아인지에 따라 다르다. 모범생이라면 느긋하게 선생님을 만나러 가겠지만 문제아라면 괴로워하며 어떻게든지 선생님을 만나지 않기를 바랄 것이다. 이것이 죄로 타락한 인간의 본성이다. 하나님의 낯을 피해 죄인으로 살던 우리 역시 예수님을 통해 하나님의 부르심을 받았다. 만약 므비보셋이 자신을 데리러 온 병사들의 소리를 듣고 뒷문으로 도망쳤다면 어떻게 되었을까? 그는 다윗이 베푸는 은총을 경험하지 못했을 것이다.

예수 그리스도를 통한 하나님의 소환 명령을 접한 죄인은 뒷문으로 도망치고 싶은 것이 본성이다. 그러나 안심하라! 예수로 인한 하나님의 소환 명령은 심판이 아니라 구원과 회복을 위한 것이다. 그 소환 명령을 듣고도 슬그머니 뒷문으로 도망친다면 인생의 가장 어리석은 결정이 될 것이다. 요한복음 5장 24절은 이 진리를 확증하고 있다.

> 내가 진실로 진실로 너희에게 이르노니 내 말을 듣고 또 나 보내신 이를 믿는 자는 영생을 얻었고 심판에 이르지 아니하나니 사망에서 생명으로 옮겼느니라.

므비보셋은 다윗의 부름에 응하여 왕의 존전에 나아갔고, 그 결과 생명을 잃지 않고 보존하게 되었다. 이것이 바로 구원에 따르는 첫 번째 회복인 생명의 회복이다. 영적으로 죽은 자가 하나님의 아들의 음성을 듣고 살아나는 것이다. 도저히 살아날 수 없는 마른 뼈 같이 죽은 우리의 영혼에 성령의 생기가 들어와 살아 일어나는 것이다.

생명의 회복이 일어난 후 그 다음 회복은 권리의 회복이다. 7절을 보면 다윗이 므비보셋에게 이렇게 말하는 장면이 나온다.

> 네 할아버지 사울의 모든 밭을 다 네게 도로 주겠고.

이와 마찬가지로 하나님은 죄로 인해 잃어버렸던 우리의 권리를 회복시키시기 원하신다. 그렇다면 우리가 잃어버린 권리에는 어떤 것이 있는가? 요한삼서 1장 2절에 힌트가 있다.

> 사랑하는 자여 네 영혼이 잘됨 같이 네가 범사에 잘되고 강건하기를 내가 간구하노라.

- 영혼이 잘될 권리: 영적 건강을 누릴 권리
- 범사에 잘될 권리: 물질적, 관계적 건강을 누릴 권리

• 강건할 권리: 육체적 건강을 누릴 권리

이 모든 권리들은 예수 그리스도의 십자가 죽음으로 우리에게 이미 온전히 회복되었다. 이 사실을 이사야 53장 5절이 확증한다.

> 그가 찔림은 우리의 허물 때문이요 그가 상함은 우리의 죄악 때문이라 그가 징계를 받으므로 우리는 평화를 누리고 그가 채찍에 맞으므로 우리는 나음을 받았도다.

죄로 인해 우리가 고난을 자초했거나 _{이런 경우는 회개가 필요하다.} 하나님께서 우리가 고난의 때를 지나가도록 특별히 허락하시는 경우 _{이런 경우는 인내가 필요하다.} 가 아니라면, 그분은 당신의 자녀인 우리가 이 땅에서 마땅히 누려야 할 모든 권리를 우리에게 회복시키기를 진실로 원하신다.

구원에 따르는 생명의 회복을 얻은 후 주어지는 권리의 회복과 동시에 일어나는 것은 신분의 회복이다. 사무엘하 9장 8절을 보면 므비보셋은 자신을 죽은 개와 같은 존재라고 여기고 있다. 이 얼마나 비참한 자아상인가! 그가 이처럼 비참한 자아상을 가지고 있는 이유는 다른 데 있지 않다. 존귀한 신분이었다가 비참한 신분으로 추락한 자신의 비극적인 인생 때문이다. 왕자라면 자신을 죽은 개로 여길 하등의 이유가 없다. 그러나 11절에서 다윗은 므비보셋을 왕자 중 하나로 여기겠다고 확인해 준다. 신분의 온전한 회복이 일어난 것이다. 구원 받은 우리도 마찬가지다! 죽은 개 같은 비참한 죄인의 신분에서 하늘나라 왕자와 공주로 신분이 바뀌었다.

신분이 회복되면 무너진 자아상이 회복될 뿐만 아니라 신기하게도 과거의 상처로부터의 회복도 일어난다. 『하나님 형상 회복』두란노, 2003 이라는 책에서 유진소 목사는 상처를 '괴질'로 정의하며 이렇게 말한다.

> 다만 한 가지 분명한 것은, 정체를 알 수 없는 병이 있어서 수많은 사람을 고통에 빠뜨린다는 것이다. 그리고 어렴풋이 우리는 그것이 '상처'임을 알고 있다. 만약 실제로 어떤 병이 있어서 그것 때문에 많은 사람이 고통당하고 있는데, 정작 그 병의 원인이나 치료법, 심지어 병명조차 정확하지 않다면 우리는 그것을 '괴질'이라고 부를 수밖에 없다.

상처의 성격을 잘 보여 주는 한 가지 사건을 소개하고자 한다. 나의 자녀들이 아직 어렸을 때 캠프 준비를 하던 중이었다. 캠프 준비물 중 하나가 뿅망치였는데, 의외로 시드니에서는 뿅망치를 구하는 것이 그리 만만치 않았다. 온갖 가게를 돌아다니다가 결국 중국 완구점에서 겨우 뿅망치 비슷한 것 하나를 발견하고 사 왔다. 알다시피 뿅망치의 특징은 가느다란 막대에 때리는 부분이 커다랗게 되어 있어야 하는데, 이것은 반대로 무지막지하게 큰 플라스틱 막대에 때리는 부분은 조막만한 이상한 뿅망치였다. 어쨌거나 아쉬운 대로 사서 집에 왔다. 그리고 시험해 보기 위해 내가 아내의 머리를 뿅망치로 때려 보았다. 옆에서 이 광경을 지켜보던 아이들은 생전 처음 본 뿅망치에 흥분해서 자기들도 서로 때려 보고 싶다고 난리를 쳤다. 먼저 큰 아들인 한별이가 뿅망치로 동생의 머리를 때렸다. 그런 다음 동생인 찬별이도 형에게서 뿅망치를 받아 들었는데, 아뿔싸 그만 너무 흥분하여 뿅망치를 정상적으로 쥐지 않고 뿅망치 막대를 90도로 틀어 쥐어서 딱딱한 플라스틱 뭉치가 형의 머리를 향하게 되었던 것이다. 그 사실을 모르는 순진한 형이 머리를 들이밀었고, 동생이 형의 머리를 뿅망치로 강하게 내리치자 '빽!' 하는 소리와 함께 형의 머리에서 커다란 혹이 솟아올랐다. 그 순간 형은 눈에서 광선이 쏘아져 나가면서 동생에게서 뿅망치를 빼앗아 "너도 한 번 맞아 봐라!"라고 고함지르며 동생에게 내리치려 했다. 겨우겨우 형을 말려서 그 소동은 가라앉았다.

바로 다음 날이었다. 마침 주일이라 온 가족이 교회로 갔고,

교회 마당에서 한별이의 교회학교 선생님을 만났다. 선생님은 반갑게 우리 가족을 맞아 주셨고, 허리를 숙여 인사하는 한별이의 머리를 쓰다듬어 주셨는데, 그만 혹을 건드리고 말았다. 선생님께 인사하다 말고 "아악!" 하는 소리와 함께 한별이의 눈에서 다시 광선이 발사되었다. 불쌍한 선생님은 아이가 왜 이렇게 소리치며 자신을 원망의 눈길로 노려보는지 전혀 알지 못하고 당황해서 어쩔 줄 몰라 했다!

이처럼 과거의 상처는 나도 모르는 사이에 그 자리에 자리 잡고 있어서 언제든지 누군가가 그것을 건드릴 날만 기다리고 있는 시한폭탄과 같다. 과거의 상처가 있는 사람은 그처럼 사소한 일에 자신이 왜 이렇게 분노하는지 자기 자신도 모른다. 다만 자신이 지금 당하는 일로 인해 아픔과 분노를 느낀다는 사실만 인지한다. 사실 그의 분노는 과거에 상처를 준 바로 그 사람에게로 향해야 마땅하지만, 이미 세월로 인해 이런 것들은 망각의 늪에 빠진지라 자연스럽게 지금 당장 나의 상처를 들쑤시는 그 사람에게 분노가 폭발되는 것이다.

우리 역시 알게 모르게 과거의 수많은 상처로 만신창이가 되어 있다. 특별히 "권위의 인물," 즉 부모님이나 선생님 등 나를 지도하는 인물로부터 받은 상처가 크다. 어떻게 해야 이런 상처들을 극복하고 온전히 회복될 것인가? 다른 데에 답이 있지 않다. 내적 치유 세미나를 열심히 다니면 약간의 도움은 되겠지만 그것이 근본적인 해결책이 될 수는 없다. 복음으로 말미암아 자신의 신분이 회복된 것을 온전히 믿음으로 받아들일 때 상처로부터의 회복이 일어난다 사실상 내적 치유 세미나가 바로 이런 일이 일어나도록 돕는 곳이긴 하다.

놀라운 것은 복음은 상처로부터의 회복을 가져다줄 뿐만 아니라 우리로 하여금 좀처럼 상처받지 않는 강인한 영적 체질로 바꾸어 준다는 것이다. 만약 찢어지게 가난한 집안의 자식에게 강제로 찢어진 청바지를 입히면 그는 쓰라린 마음으로 어쩔 수 없이 그 청바지를 입을 것이며 그로 인해 상처를 받을 것이다. 그러나 만약 그가 갑부의 아들이라면 자신의 취향을 따라 스스로 찢어진 청바지를 사서 입기에 그 어떤 상처도 받지 않는 것과 같은 원리이다.

자아상의 왜곡과 과거의 상처는 우리의 신앙의 진보를 막는 매우 심각한 걸림돌이다. 이것으로부터 회복되지 못하면 신앙의 더 높은 단계로 나아가기는 불가능하다. 나 자신의 신앙이 매우 좋은 것으로 착각하고 살지만 삶의 결정적인 순간에 이것들로 인해 발목을 잡혀 나락으로 떨어진다. 따라서 필승의 삶을 살고자 한다면 반드시 복음으로 무너진 자아상을 회복하고 과거의 상처를 극복해야 한다.

구원에 따르는 이 모든 회복과 함께 마지막으로 남은 회복이 있다. 사실은 하나님은 바로 이 회복을 위해 우리를 구원하셨다고 해도 과히 틀린 말이 아니다. 그것은 바로 교제의 회복이다. 사무엘하 9장 7, 10, 13절을 보면 "항상 내 상에서 떡을 먹을지니라." "항상 내 상에서 떡을 먹으리라." "항상 왕의 상에서 먹으므로"라고 하여 세 번에 걸쳐 강조되는 표현이 있다. 그것은 바로 왕의 식탁에 초대받는 것이다. 이 놀라운 초청에 대하여 만약 므비보셋이 "왕이시여, 권리와 신분의 회복만으로 족합니다. 왕의 상에서 먹는 것은 신경이 많이 쓰이므로 사양하겠습니다."라고 말했다면 어땠을까? 다윗은 크게 섭섭하게 생각했을 것이다. 우리 역시 주님의 놀라운 초청에 이런 식으로 반응하는 경우가 많다. 그러나 우리의 주된 관심은 권리와 신분의 회복에 있다 하더라도 하나님의 주된 관심은 교제의 회복에 있음을 알아야 한다.

이 사실을 요한계시록 3장 20절에서 예수님이 직접 확증해 주셨다.

볼지어다 내가 문 밖에 서서 두드리노니 누구든지 내 음성을 듣고 문을 열면 내가 그에게로 들어가 그와 더불어 먹고 그는 나와 더불어 먹으리라.

구원 사건을 통해 우리에게 생명의 회복, 권리의 회복, 신분의 회복이 일어났다면 당연히 힘써 교제의 회복으로 나아가야 한다. 그것이 우리를 구원하신 하나님의 궁극적인 소망이다.

이렇게 복음으로 모든 것이 회복된 인생이 하나님의 손에 쓰임 받을 때 그 존재 가치가 빛나게 된다. 복음으로 인한 회복을 경험하지 못한 영혼들은 자신의 존재 가치를 돈, 명예, 지위, 각종 중독 등에서 찾고자 하지만 그 모든 것은 결코 인생의 존재 가치를 충족시켜 주지 못한다. 오직 하나님 손에 붙들려 쓰임 받는 인생만이 빛나는 존재 가치를 지니게 되는 것이다.

오늘도 우리 하나님은 예수 그리스도의 복음으로 인한 죄인의 놀라운 회복을 바라시며 애타는 마음으로 잃어진 영혼을 찾고 계신다. 당신은 잃어진 영혼을 향한 하나님의 마음에 얼마나 깊이 공감하고 있는가? 감사하게도 나는 다음에 소개하는 간증을 통해 간접적으로나마 멸망하는 죄인을 향한 하나님의 마음이 어떠하신지를 엿볼 수 있었다.

내가 섬기는 AP 지역 중 한 나라에는 남편 선교사를 먼저 천국으로 보내고 홀로 되셔서 국가의 대표로 사역하시는 여자 선교사님이 한 분 계신다. 현지에서 남편이 병으로 순교하신 후 그 선교사님은 자신이 죽으면 선교 사역을 이어받아 계속해 달라는 남편의 유언을 받들어 참으로 신실하게 주님의 일을 잘 감당해 왔다. 그 선교사님 밑에는 십여 명의 전임 현지 사역자들이 있는데, 그중 셋은 남편 선교사님이 초창기부터 직접 발굴하여 키운 사역자들이라 더욱 애착이 가서 남편이 돌아가신 후 그 선교사님은 이들을 아들과 딸처럼 여기며 함께 동역하셨다.

그러던 어느 날, 그 선교사님은 기도 중에 환상을 보게 되었다. 환상 중에 논 세 마지기를 보게 되었는데 그중 두 마지기는 곡식의 새싹이 파릇파릇 돋아나고 있었고 나머지 한 마지기는 이미 곡식이 누렇게 익어 머리를 숙이고 있었다. 그때 갑자기 돌아가신 남편 목사님이 낫을 들고 나타나서 누렇게 익은 곡식을 베기 시작하셨다. 너무나 깜짝 놀란 그 선교사님이 남편 목사님의 이름을 부르는 순간 그 환상은 시야에서 사라졌다. 그 선교사님은 그것이 무슨 뜻인지 도무지 알 수 없었으나, 경건회 시간에 직원들과 그 내용을 나누었다고 한다.

그런데 그 환상을 본 직후에 끔신이라고 하는 여자 사역자가 임신 중독으로 수술을 받게 되었다. 끔신은 초창기부터 있었던 세 명의 사역자 중 하나였고 그 선교사님이 딸처럼 아끼는 사역자였다. 무려 5시간의 대수술이 진행되는 동안 그 선교사님은 수술실 밖에서 주님께 울부짖었으나 결국 의사가 나와서 산모와 아기 모두가 수술대 위에서 운명했다는 말을 전해 주었을 때 그 자리에서 혼절하여 쓰러지고 말았다.

현지 사역자들이 선교사님을 급히 집으로 모셨으나, 선교사님은 정신을 차리고도 꼬박 사흘 동안 물 한 방울도 목구멍으로 넘길 수 없었다 한다. 현지 사역자들은 선교사님마저 돌아가실까 염려하여 노심초사하고 있었다. 선교사님은 그때서야 그 환상이 무슨 뜻인지 깨닫게 되었으나 그것은 슬픔을 조금도 경감해 주지 못했다. 나중에 그분이 나에게 고백하기를 그 사건으로 인해 남편 목사님이 돌아가셨을 때보다 훨씬 큰 충격을 받았다고 하셨다.

이때 주님은 그 고통스러운 사흘 동안 아무런 말씀도 하지 않고 침묵을 지키셨다 한다. 마침내 나흘 째, 극심한 마음의 고통으로 끙끙 앓고 있는 선교사님에게 주님이 지나가듯 한 마디를 툭 던지셨다.

"아프냐?"

그 말을 듣는 순간 그 선교사님은 피가 거꾸로 솟는 듯한 느낌이 들었다 한다. 그래서 마구 고함치며 주님께 반항하듯 대꾸했다.

"온 몸의 세포 하나하나까지 아파서 도무지 견딜 수가 없습니다!"

그때 주님은 조용히 이렇게 말씀하셨다.

"죄인 하나가 내 아들 예수를 모르고 지옥에 갈 때마다 나는 그런 고통을 느낀다."

놀랍게도 그 말을 들은 선교사님은 자리를 박차고 벌떡 일어나셨다고 한다. 후에 그분은 본인이 그때 느꼈던 감정을 나에게 털어놓으셨다.

"라 목사님, 그때 하나님이 하신 말씀이 그 어떤 위로의 말씀보다 제게 힘을 주었답니다. 저는 그때 결심했죠, '하나님, 한 영혼이 지옥 가는 것이 하나님의 마음에 이처럼 큰 고통을 준다면, 제가 한 영혼이라도 더 주님께 인도하고자 몸부림치겠습니다.' 아시다시피 그때 이후로 저는 툭툭 털고 일어나서 더욱 열심히 전도하고 있습니다."

부디 당신의 마음이 죄인을 향한 하나님의 이와 같은 애끓는 마음과 공명하게 되기를 기도한다.

2장

이성 교제와 결혼에 신중하라

하나님은 부부가 온전히 연합하여 하나님의 일을 감당하기 원하신다. 이것이 성경의 절대적인 원칙이며 예외는 없다. 어떤 사람들은 소명을 받고 선교사로 나가려 하는데 배우자가 반대하여 몹시 괴로워하는 분들이 있다. 그런 사람들은 배우자가 바로 일차적인 선교지이다. 이 선교지에서 선교에 성공하지 못한다면 외국의 선교지에서의 성공은 꿈도 꾸지 못할 것이다. 나를 힘들게 하는 배우자가 있다면 내가 영적으로 더욱 성장할 수 있도록 하나님이 주신 좋은 기회라고 생각하고 감사하며 최선을 다해 그 배우자를 사랑으로 섬기며 또한 기도로 그를 하나님께 올려드려라. 때가 차면 반드시 하나님이 배우자의 마음을 바꾸어 주시든지 혹은 환경을 바꾸어 주실 것이다.

청년 시절 가장 큰 관심사가 있다면 바로 이성 교제와 결혼이 아닌가 한다. 그리스도인 청년은 이성 교제와 결혼 역시 성경의 원리에 따라야 하며, 그렇게 할 때 앞으로 펼쳐질 인생에 필승의 초석을 놓게 된다. 하지만 이 영역에서 이 세상의 풍조를 좇아 따라간다면 많은 눈물과 후회를 가져올 수 있으므로 필승의 삶을 소망하는 청년이라면 이 부분을 신중하게 고민하고 또 삶에서 그대로 실천해야만 한다.

오늘날처럼 죄가 관영한 시대에는 그리스도인 청년들의 이성 교제에 있어서 가장 큰 이슈가 되는 것은 혼전 순결에 관한 것이 아닌가 싶다. 실제로 주변의 수많은 그리스도인 청소년들과 청년들이 성 문제로 고민하는 것을 볼 수 있다. 나의 경험으로 유스코스타와 같은 청소년 집회에 강사로 가서 참석자들을 상담해 보면 상당수가 성 문제에 관한 깊은 고민을 토로하는 것을 볼 수 있다. 그들 모두는 유스코스타에 올 만큼 나름 깨어 있는 그리스도인 청소년들인데 상담 내용은 낙태에서부터 성병, 포르노 중독 등 자못 심각하기 그지없다. 사실 건전한 그리스도인 청소년이라면 성 문제에 대한 심각한 고민이 없어야 정상인데, 아직 청년의 때를 맞이하지도 않은 청소년들까지 성 문제에 대한 많은 고민이 있다는 것은 타락한 오늘날의 성문화가 그리스도인 청소년들에게까지 가치관의 혼란을 가져오고 있다는 방증이다.

목사인 나에게 수많은 청소년, 청년들이 성에 관한 질문을 해 오는데, 그중에서도 대답하기 힘든 것이, "목사님, 왜 혼전 순결을 지켜야 하나요? 사랑하는 사이라면 성관계를 할 수 있지 않나요?"라는 질문이다. 이에 대하여 기껏 대답할 수 있는 말은, "성경이 혼인 안에서의 부부 관계만 정당한 성관계로 인정하고 있으니 결혼할 때까지 참아라."라는 것이다. 그러면 으레 뒤따르는 질문이 있다. "그렇다면 결혼할 사이라도 안 되나요?" 그러면 "너희가 결혼할지 안 할지 어떻게 알 수 있냐?"라는 상투적인 답변으로 마무리하곤 했다.

나는 혼전 순결이라는 주제를 두고 수많은 날들을 고민했다. 나 스스로는 그것이 가져다주는 엄청난 영적 유익을 체험을 통해 알고 있지만, 이를 어떻게 성경적 원리로 풀어서 답해 주어야

피 끓는 그리스도인 청춘 남녀가 납득할 만한 성경적인 답을 줄 수 있을까 하는 것이 나의 오랜 과제였다. 단순히 참으라는 말만으로는 턱없이 부족한 대답임을 느꼈기에 더욱 혼전 순결에 대한 지혜와 계시의 영을 간구했다. 그러던 어느 날, 2013년으로 생각되는데 중국으로 선교 여행을 갔을 때였다. 시차 때문인지 북경의 조그마한 모텔에서 새벽에 갑자기 잠을 깨서 기도하는 중에 성령께서 혼전 순결이라는 주제에 대하여 폭포수처럼 깨달음을 주시기 시작하셨다. 그때 받은 깨달음을 나누고자 한다.

그리스도인이 그리스도와 연합한다는 것은 신비에 속한 것이며, 그것을 모형으로 묘사하기 위해 사용하는 이 땅의 제도적 장치가 바로 결혼제도이다. 성경의 많은 부분에서 그리스도인은 그리스도의 신부로 묘사되고 있으며, 그리스도의 재림은 그분이 공식적으로 신부를 맞이하는 어린양의 혼인 잔치로 묘사되고 있다.

사람이 그리스도인이 되어 그리스도와 온전히 연합하는 과정을 살펴보자. 무엇보다 먼저 그는 어떤 경로를 통해서든 그리스도를 소개받아야 한다. 그리고 그분을 어느 정도 알게 된 후에는 그분을 구주로 믿고 따르기로 결단해야 한다. 그것이 바로 죄로부터 구원받는 날이다. 이를 남녀의 혼인 관계에 대입해 보면, 먼저 남녀는 어떤 경로를 통해서든 장래의 배우자가 될 이성을 만나야 한다. 그리고 일정 기간 그 사람에 관해 파악한 후 그와 사귀기로 결단해야 한다. 다시 말해 혼인을 염두에 두고 정식으로 사귀겠다고 결단해야 한다는 말이다. 이것이 혼인 관계의 첫 출발점이다. 이것은 영적 차원의 연합이다. 그리스도를 믿을 때 죄인의 영이 성령과 연합하여 새로운 영으로 거듭나는 것처럼 남녀가 결혼을 전제로 서로 간에 깊은 사귐을 결단하는 것은 서로의 영이 서로 연합되기로 결단하는 것이다.

여기서 한 가지 덧붙이자면, 그리스도인이라면 혼인 대상의 영적인 상태를 가장 먼저 고려해야 한다는 사실이다. 그가 불신자라면 아무리 멋지고 세련된 모습으로 나타난다 하더라도 혼인을 강행해서는 안 된다. 그러지 않고 불신자와의 혼인한다면, 말할 수 없는 영적 고통이 뒤따를 것임은 불을 보듯 뻔하다. 그래서 성경은 불신자와 멍에를 함께 메는 것을 금하고 있다.

그리스도를 영접한 후 그리스도인은 이 땅에 살면서 그리스도와 날마다 교제해야 한다. 그분을 더 깊이 알아가고, 장차 그분의 온전한 기쁨이 되는 신부가 될 신부 단장을 하는 것이다. 동일한 원리로, 결혼을 전제로 교제하는 남녀는 데이트를 통해 서로를 인격적으로 더 깊이 알아가고, 장차 두 사람이 함께하게 될 결혼 생활을 준비하게 된다. 이것은 혼적 차원의 연합이다. 그리스도인이 그리스도를 더 깊이 알아가고 그분의 음성에 순종하여

사는 것은 성화의 과정이다. 물론 그의 궁극적인 목표는 그리스도의 형상으로 변하는 것이다. 이와 마찬가지로 결혼을 약속한 남녀는 결혼 전까지 데이트를 통해 혼적 차원, 즉 정신적 차원에서 이성과 서로 연합하여 장차 있을 온전한 결혼 생활을 준비하게 된다.

여기까지 진행되었으면 마지막 차원의 연합이 남았다. 그것은 바로 육적 차원의 연합이다. 그 최종적 연합은 바로 어린양의 혼인 잔치 나팔이 울려 퍼지는 날, 이 땅에 살고 있는 모든 성도와 주 안에서 죽은 모든 성도의 몸이 신령한 부활의 몸으로 변화하여 성대한 하늘나라의 혼인 예식에 참여할 때 이루어지게 된다. 즉, 부활의 몸으로 그리스도와 온전히 연합하는 것이다. 마찬가지 원리로, 남녀의 혼인에 있어서 몸의 연합은 반드시 혼인 잔치 나팔이 울려 퍼진 이후에 이루어져야 한다.

오늘날의 세상을 살펴보자. 심지어 그리스도인마저도 이 거룩한 영적 원리와 질서를 허물어뜨리고 있다. 그들은 만나자마자 대뜸 몸의 연합을 추구한다. 그런 다음 동거하면서 혹은 데이트를 하면서 서로를 알아가는 혼의 연합을 추구한다. 게다가 대부분의 경우 영의 연합은 안중에도 없다. 그러니 하나님이 친히 계시해 주신 혼인의 원리와 연합의 순서를 철저히 무시하고 이 세상의 풍습을 좇아 성적으로 타락한 삶을 사는 그리스도인 남녀가 어찌 이성 교제와 결혼 생활에서 하나님의 복을 기대할 수 있을 것인가!

중국에서의 이런 특별한 깨달음을 통해 나는 혼전 순결에 관한 주님의 계획을 보게 되었다. 그리스도인에게 있어서 혼전 순결이 얼마나 중요한 것인지를 하나님의 관점에서 조망할 수 있게 되었던 것이다. 이로써 그리스도인 젊은이들에게 혼전 순결에 대하여 어떻게 말해 주어야 할 것인가에 대한 나의 오랜 추구는 마침내 답을 얻은 듯하다. 그렇다면 이미 혼전 순결을 지키지 못한 미혼의 그리스도인은 어떻게 해야 하는가? 염려하지 말라. 우리의 하늘 아버지는 자비와 용서의 하나님이시다. 혼전 순결의 중요성을 몰랐음을 고백하고, 그동안 방종했던 죄를 회개한 후, 돌이키면 된다. 돌이킨 때부터 혼전 순결을 지켜 나간다면 하나님은 그것 역시 온전히 혼전 순결을 지킨 것으로 인정해 주실 것이다.

사랑하는 미혼의 청년들이여! 혼전 순결은 다소 불편하지만 지킬 수 있다면 지키는 편이 좋은 그런 정도의 얄팍한 계명이 아니다. 그 안에는 그리스도와의 연합에 비견되는 엄청난 무게의 신비에 속한 영적 원리들이 숨겨져 있다. 혼전 순결의 명령을 가볍게 여긴다는 말은, 그런 태도를 지닌 그리스도인이라면 그리스도와의 연합도 가벼운 것으로 여길 수 있다는 무시무시한 뉘

앙스를 지니게 된다. 잊지 말라. 신랑과 신부의 영·혼·육의 온전한 연합, 특히 몸의 연합은 혼인 잔치 나팔 소리가 울려 퍼진 이후의 일이다!

이것이 바로 하나님이 정해 두신 남녀 간의 성관계에 대한 영적 법칙이다. 물론 자유의지를 가진 피조물인 인간은 누구든지 이 법칙을 무시하고 자기 마음대로 행동할 수는 있다. 그러나 그는 반드시 그 결과에 책임을 져야 한다. 이러한 영적 법칙은 물리 법칙과 마찬가지 원리로 작동한다. 예컨대 중력의 법칙을 생각해 보자. 당신이 인정하든 인정하지 않든 중력의 법칙은 온 우주 안에 작용하고 있다. 물론 당신은 그것을 무시할 수 있다. "나는 중력의 법칙 따위에는 지배받지 않아!"라고 말하며 빌딩 옥상에서 뛰어내릴 수도 있다. 그것은 당신의 자유의지이다. 그러나 당신은 반드시 그 결과에 책임을 져야 한다. 아마도 당신의 목숨이 위태로울 것이다. 중력의 법칙을 함부로 무시하면 그 결과 즉시로 목숨이 위험해진다. 하지만 영적 법칙은 무시해도 당장은 그 결과를 눈으로는 볼 수 없기 때문에 어리석은 죄인들은 그것을 쉽게 무시하는 경향이 있다. 그러나 언젠가는 그 결과에 반드시 책임을 져야 한다. 물리 법칙을 함부로 어기면 생명이 위험하지만 영적 법칙을 함부로 어기면 영원한 생명이 위험해짐을 깊이 인식하는 사람이 지혜로운 자이다.

이제 주제를 바꾸어 결혼에 관해 생각해 보자. 그리스도인 청년들에게 배우자를 고를 때 가장 먼저 보아야 할 것이 무엇인지 물어보면 흔히들 별로 주저하지 않고 믿음이라고 대답하는 것을 본다. 하지만 과연 장래 배우자가 될 사람에게서 믿음을 가장 먼저 보아야 하는 것인가? 물론 결혼 상대자에게 있어서 믿음이 중요한 덕목이기는 하다. 그러나 가장 중요한 덕목인지에 대해서는 선뜻 그렇다고 대답할 수 없다는 것이 나의 생각이다. 그렇다면 믿음보다 먼저 보아야 할 덕목이 무엇이냐고 나에게 묻는다면 인격이라고 대답하고자 한다. 믿음은 없다가도 한 순간에 생길 수 있지만, 인격은 없다가 갑자기 생겨나기가 거의 불가능하기 때문이다. 물론 믿음보다 인격을 먼저 보아야 한다는 내 의견이 만고의 진리라고 주장하고픈 생각은 없다. 그러나 이것은 깊이 고민해 보아야 할 주제인 것은 틀림없다. 인격과 믿음 이 두 부분에서 하나라도 중한 결함이 있는 상대와 멍에를 같이 멘다면 고난의 가시밭길 같은 결혼 생활이 기다리고 있을 가능성이 매우 높기 때문이다. 믿음은 좋은데 인격은 결함이 많다는 말 자체가 모순이긴 하다.

고귀한 인격은 인간의 내면에서 반짝이는 아름다운 보석과 같다. 그런데 문제는 청년 시절 그것은 아직 가공되지 않고 원석인 상태로 존재하는 경우가 대부분이라는 데 있다. 만약 가공을 마치고 보석의 형태를 띤 것이 있다면, 가공한 당사자가 그 보석의 주인이거나 아니면 이미 다른 누군가가 재빨리 그것의 소유권을 장악한 이후일 것이다. 따라서 지혜로운 청년이라면 보석과 같은 배우자를 찾는 것이 아니라 그런 사람은 이미 주인이 있을 것이므로 원석과 같은 배우자를 찾아야 한다. 하지만 현실에서 어떤 사람이 보석을 품고 있는 원석인지 혹은 그냥 돌인지 구분하기란 쉽지 않다. 오늘날처럼 자신을 요란하게 과대 포장하는 시대에는 특히 그러하다. 그렇다면 어떻게 해야 그 속에 아름다운 보석이 들어 있는 원석을 알아보는 눈을 가질 수 있을 것인가? 보석을 품은 원석인 줄 알고 열심히 가공했는데, 끝끝내 그냥 돌이라면 얼마나 허탈할 것인가! 그에 대한 대답은, 불완전한 내 눈을 믿지 말고 최고의 보석감별사인 성령님을 의지하는 것이 가장 안전한 길이라는 것이다. 온갖 보석으로 꾸며진 천국의 주인이신 성령님은 당연히 보석감별에 있어서도 탁월하시다! 따라서 누군가를 만나고 데이트를 시작하고자 한다면, 특히 그 사람과의 결혼을 염두에 두고 있다면 반드시 성령님께 여쭈어 보고 확증을 얻은 다음에 진행해야 안전하다.

사랑의 콩깍지가 눈에 잔뜩 끼어 있지만 않다면 어떤 사람의 인격은 아주 사소한 사건이나 태도를 통해 충분히 알아볼 수 있다. 흔히 나는 데이트 중인 여자 청년들에게 남자 친구가 식당에서 종업원을 대하는 태도를 유심히 살펴보라고 조언하곤 한다.

왜냐하면 그것이 바로 결혼하고 3년이 지난 후에 아내인 자신을 대하는 태도일 것이기 때문이다. 특히 종업원이 실수했을 때 그의 반응을 눈여겨보라고 말한다. 함부로 대해도 자기에게 아무런 손해를 가져다주지 않을 사람이 자신에게 실수했을 때 보여 주는 반응이야말로 그 사람의 인격을 재는 척도이기 때문이다. 그런 의미에서 카페에서 데이트 중에 몰래 종업원에게 팁을 쥐어 주며 실수인 척 그 사람의 무릎에 콜라를 쏟아 달라고 부탁한 후 그의 반응을 지켜보는 것도 꽤 괜찮은 감별법이다.

한편, 결혼 이후에 믿음이 좋다는 사람들 중에는 신앙의 열심이 가정생활을 삼켜 버리는 사람들이 있다. 그것 역시 썩 바람직한 현상이 아니다. 주의 일에 충성 봉사하느라 가정사를 등한시하고, 심지어는 배우자와 자녀들을 섬기고 보살피는 일상의 의무마저 팽개치는 경우도 볼 수 있다. 게다가 배우자가 불신자이거나 뜨뜻미지근한 신자일 경우, 그를 영적으로 무시하는 경향까지 보이는데 이렇게 해서는 가정의 화평은 둘째 치고, 그 가정을 향한 주님의 선하시고 기뻐하시고 온전하신 뜻을 결단코 이룰 수 없음을 알아야 한다.

나의 아내도 결혼 초기에는 그런 성향이 없지 않아 있었다. 결혼식을 준비하면서부터 아내에게서 그와 같은 성향이 살짝 엿보였다. 나는 신혼여행을 '무난하게' 제주도로 가기를 원했고 아내는 '기도원'을 고집했다. 신혼여행 장소를 결정하기까지 여러 차례의 기 싸움이 진행되었다. 인생의 새로운 출발의 첫 시간을 하나님께 드리자며 워낙 완강하게 주장하던 터라 아내는 좀처럼 내 말을 들으려 하지 않았다. 마침내 내가 결단한 듯 단호한 표정으로 말했다. "좋습니다. 기도원으로 신혼여행을 갑시다." 아내는 나의 승낙이 뜻밖이라는 듯 나를 물끄러미 쳐다보고 있었다. "단, 조건이 있습니다. 하와이에 있는 기도원으로 갑시다." 이 말에 아내는 갑자기 웃음을 터뜨리더니 순순히 제주도 행을 허락했다. 이것은 누가 더 독실한 신앙을 가졌느냐의 문제가 아니라 남녀가 하나님 안에서 부부로 맺어져 처음으로 신비한 연합을 하는 첫 시간을 기도원이라는 다소 삭막한 장소에서 보내기를 결단코 원치 않는 남편의 마음이 뼈 있는 농담을 통해 비로소 전달된 때문이었다.

나의 사적 의견이긴 하지만 사랑하는 남녀의 육체적 차원의 신비한 연합이 이루어지는 신혼 첫날밤을 굳이 '신앙적인' 장소에서 보내는 것은 하나님도 썩 기뻐하지 않으실 것 같다. 신혼부부는 신혼 첫날밤의 신비한 육체적 연합에 대한 설렘이 충만해야 하며, 만약 그렇지 않다면 나는 그들이 혼인의 신비를 아직 잘 이해하지 못하고 있든지 혹은 이미 육체적 연합을 경험했기에 기대치가 낮아져 있는 것으로밖에 받아들이지 못하겠다.

결혼 생활 중에 부부간의 사랑에 있어서 명심해야 할 것은, 사랑은 내가 원하는 방식으로 상대방에게 베푸는 것이 아니라 상대방이 원하는 방식으로 베푸는 것이라는 사실이다. 이것을 잘 이해하지 못했던 결혼 초창기의 나는 내가 이 세상에서 가장 좋은 남편인 것으로 착각하며 지냈다.

"나만큼 잘 해 주는 남편이 있으면 나와 보라고 해!"

이것이 내가 종종 입버릇처럼 하던 말이었다. 그러나 결혼 후 몇 년이 흘러 그 자부심을 박살내는 한 마디 말을 아내로부터 들었다.

"도저히 더는 참을 수 없어요. 우리 이혼해요."

감사하게도 그날이 바로 내가 부부 간의 참 사랑에 대해 눈을 뜬 날이다. 그 충격적인 말을 듣고 여러 날 고민한 끝에 나는 사랑이란 내가 원하는 방식이 아니라 상대방이 원하는 방식으로 하는 것이라는 평범하면서도 심오한 진리를 깨달았고, 그것을 삶에서 실천하고자 몸부림을 쳤다.

이렇게 말하면 뭔가 거창하게 바뀐 것으로 생각하겠지만, 그렇지 않다. 삶에서 배우자가 나에 대하여 불만을 가진 영역을 아주 조금씩만 바꾸기 위해 노력했다. 예컨대, 컴퓨터 작업 시간을 조금 줄이는 대신 서로 간의 대화 시간을 조금 늘리고, 식사 후 설거지를 책임져 준다는 등의 사소한 변화 말이다. 그런데 그 결과는 놀라웠다. 내가 노력하며 조금씩 바뀌자 아내도 점점 내가 바라는 이상형의 배우자로 바뀌어 가는 것이 아닌가! 세월이 흘러 이제 우리 부부는 주 안에서 온전히 하나 된 부부임을 느끼며 행복하게 생활하고 있다.

하나님은 부부가 온전히 연합하여 하나님의 일을 감당하기 원하신다. 이것이 성경의 절대적인 원칙이며 예외는 없다. 어떤 사람들은 소명을 받고 선교사로 나가려 하는데 배우자가 반대하여 몹시 괴로워하는 분들이 있다. 그런 사람들은 배우자가 바로 일차적인 선교지이다. 이 선교지에서 선교에 성공하지 못한다면 외국의 선교지에서의 성공은 꿈도 꾸지 못할 것이다. 나를 힘들게 하는 배우자가 있다면 내가 영적으로 더욱 성장할 수 있도록 하나님이 주신 좋은 기회라고 생각하고 감사하며 최선을 다해 그 배우자를 사랑으로 섬기며 또한 기도로 그를 하나님께 올려 드려라. 때가 차면 반드시 하나님이 배우자의 마음을 바꾸어 주시든지 혹은 환경을 바꾸어 주실 것이다.

3장

세상이 요구하는 실력을 쌓으라

인간의 타락으로 인해 왜곡된 이 세상은 실력이 좋은 사람에게 언제나 성공이 보장되는 그런 공정한 곳이 아니다. 이와 같은 세상을 살아가는 그리스도인 청년은 최선을 다해 실력을 쌓되 자신의 실력에만 의지하는 태도를 가져서는 안 된다. 범사에 겸손히 하나님을 인정하고 그분을 의지할 때, 자신의 실력을 십분 발휘할 수 있을뿐더러 더 나아가 자신이 가진 실력 이상의 결과를 낳도록 도우시는 하나님의 손길을 기대할 수 있다.

그리스도인 청년이 필승의 삶을 살기 위해 꼭 필요한 것 중 하나가 세상이 자신을 필요로 하는 사람이 될 수 있도록 실력을 쌓는 일이다. 많은 그리스도인 청년들이 신실한 믿음만 소유하면 하나님이 자신을 다른 이들의 머리가 되고 꼬리가 되지 않게 하실 것이라는 착각 속에 자신의 장래에 대한 구체적인 준비 없이 하루하루를 살아간다. 그러나 성경은 그렇게 가르치고 있지 않다. 우리가 믿는 기독교의 도는 결코 이원론적인 것이 아니다. 믿음과 세상에서의 삶이 분리되어 있지 않음을 알아야 한다. 이 세상이 바로 우리의 믿음을 연단하는 현장이자 그 안에서 하나님의 영광을 드러내야 할 현장인 것이다.

창세기의 요셉을 예로 들어 보자. 그가 우연히 보디발의 집에 팔려 갔다고 생각되는가? 또한 하나님이 '요셉의 믿음을 보고'

그가 보디발의 집에서나 지하 감옥에서 형통하게 하셨다고 생각되는가? 물론 신앙의 관점에서는 그렇게 말해도 무방할 것이다. 그러나 현실적인 측면에서는 그것이 전부는 아닌 것이다. 모르긴 몰라도 요셉에게는 하루 종일 강제 노역을 해야만 하는 광산이나 건축 현장이 아니라 왕의 시위대장인 보디발의 집에 팔려갈 정도로 타인의 주목을 끌기에 충분한 무엇인가가 있었을 것이다. 또한 보디발의 집에서 총괄 집사의 직분을 맡을 만한 뛰어난 실력이 분명히 있었을 것이다. 왜냐하면 보디발은 하나님을 알지 못하는 사람이었으므로, 그가 하나님을 믿는 믿음 하나만 보고 요셉을 그 자리에 앉혔을 리는 만무하기 때문이다. 이처럼 요셉의 이야기는 오늘날의 그리스도인 청년들에게 시사하는 바가 자못 크다. 한 사람의 신앙이란 영성, 성실성, 노력, 탁월함, 고결함, 달란트의 발견과 활용 등 모든 것이 포함된 종합 패키지인 것을 절대 잊어서는 안 된다.

그렇다면 그리스도인 청년은 어떤 실력을 길러야 할까? 물론 요셉과 다니엘처럼 꿈을 해석하는 능력을 가지거나 대적들이 고발하려 해도 아무 근거, 아무 허물도 찾을 수 없는 고결성을 연마하는 방법도 있을 것이다. 하지만 이런 것들은 신앙의 높은 차원에서 찾아볼 수 있는 것들이므로 현실적으로는 좀 더 접근 가능한 방법부터 시작하는 것이 좋겠다. 그것은 바로 자신의 달란트를 발견하고 이를 활용하는 것과 특정한 영역에서 남이 넘볼 수 없는 실력을 쌓는 방법이라 할 수 있다. 그러나 이는 개개인마다 서로 다르며 또한 전문적인 영역이므로 이곳에서는 더 이상 안내해 줄 수 없음을 양해 바란다.

하지만 한 가지 첨언할 것이 있다. 인간의 타락으로 인해 왜곡된 이 세상은 실력이 좋은 사람에게 언제나 성공이 보장되는 그런 공정한 곳이 아니다. 이와 같은 세상을 살아가는 그리스도인 청년은 최선을 다해 실력을 쌓되 자신의 실력에만 의지하는 태도를 가져서는 안 된다. 범사에 겸손히 하나님을 인정하고 그분을 의지할 때, 자신의 실력을 십분 발휘할 수 있을 뿐더러 더 나아가 자신이 가진 실력 이상의 결과를 낳도록 도우시는 하나님의 손길을 기대할 수 있다. 잠언 3장 5-6절은 우리에게 이렇게 권면한다.

너는 마음을 다하여 여호와를 신뢰하고 네 명철을 의지하지 말라 너는 범사에 그를 인정하라 그리하면 네 길을 지도하시리라.

안타까운 것은, 인생의 좌절과 실패를 많이 겪어 보지 않은 그리스도인 청년일수록 스스로를 신뢰하고 자신의 명철을 의지하는 경향이 강하다는 사실이다. 그는 자신의 길을 스스로 용감하게 개척해 보겠다는 생각을 가지고 살아간다. 이는 인간적으로는 멋진 태도로 보일지 모르겠으나, 신앙적으로는 낙제점을 면할 수 없는 태도다.

나의 대학 후배이자 영어성경동아리 후배인 안광수 집사의 간증을 소개하고자 한다. 현재 미국 시애틀에 살고 있는 그는 대학교 1학년 때부터 열심히 동아리 활동을 하며 선배인 나와 다른 선배들의 가르침을 통해 영어 성경을 공부했고 더불어 영어도 공부했다. 대학을 졸업한 후 그는 교환학생 제도를 통해 미국 볼스테이트대학의 대학원에 진학했고 그곳에서 자신의 전공을 전자공학으로 바꾸었다. 대학원을 마친 후 그는 다소 무리한 듯 보였지만 마이크로소프트 본사에 입사지원서를 냈고, 그 소식을 들은 많은 학교 동기들이 그의 무모한 도전을 비웃었다.

"한국에서 미국으로 온지 몇 년 되지도 않은데다, 한국의 대학에서도 전자공학과는 전혀 상관없는 전공을 공부했고 대학원에 와서야 전자공학으로 바꾼 네가 감히 마이크로소프트 본사에 지원서를 냈다고? 참 무식하면 용감하다더니, 그 회사는 미국 명문대를 나온 토박이 미국 청년들도 들어가기 힘든 곳임을 모르냐?"

그는 동기들의 빈정거림에도 하나님께 기도하며 입사 면접을 성실하게 준비했고, 결국 당당하게 마이크로소프트 본사에 입사

하게 되었다. 그가 본사에서 부서 배치를 받던 첫날 부서의 팀장
이 그를 따로 불렀다.

"마이크로소프트 입사를 축하하네. 여기 자네에게 맡길 첫 프
로젝트가 있네. 별로 어렵지 않으니 일주일의 시간을 줄 테니 해
결해 오도록 하게."

팀장은 별것 아니라는 태도로 그에게 프로젝트 문건을 넘겼
다. 그런데 사실은 그것이 "신참 골탕 먹이기" 놀이 문화의 일
환으로 그에게 주어진 것이었다. 즉 첫 프로젝트를 맡은 신입사
원이 들뜬 마음으로 프로젝트를 해결하려 덤벼들었다가 일주일
간 밤잠을 설치며 고민하게 만드는 것이 그 놀이의 핵심이었다.
당연히 그 프로젝트는 회사의 그 어떤 선배들도 결코 풀지 못하
던 어려운 프로젝트였던 것이다. 일주일 후 신입사원이 눈에 핏
발이 선 초췌한 모습으로 팀장에게 다가와 프로젝트를 해결하지
못했노라고 풀죽은 목소리로 말하면 팀장은 신입사원의 등을 두
드려 주며, "이 정도도 일주일 안에 해결하지 못하면 앞으로 직
장 생활에 지장이 많을 텐데…."라며 염려해 주는 척 하면서 그
놀이는 끝나게 되는 것이다.

이 모든 사실을 까맣게 몰랐던 신입사원 청년 안광수는 그날
하루를 꼬박 그 프로젝트와 씨름했지만 당연히 어떤 실마리도
구할 수 없었다. 그 다음 날 아침 일찍 회사에 출근한 그는 습관

을 좇아 말씀을 읽고 기도하며 하루를 시작했다. 그런데 기도 중이었다. 놀랍게도 갑자기 그 프로젝트와 해답이 환상처럼 그의 마음에 떠올랐다. 그는 급히 자리에서 일어나 전산실로 달려가서 마음에서 본 그대로 프로젝트의 해결책을 컴퓨터에 입력해 보았다. 그 결과 놀랍게도 프로젝트가 완벽하게 해결되었다!

그날 오전 그는 팀장을 찾아가서 프로젝트 문건을 건네주며 말했다.

"팀장님, 프로젝트를 다 마쳤습니다. 팀장님 말씀대로 별로 어렵지는 않더라고요."

팀장은 그가 지레 포기한 후 농담하는 것으로 받아들였다. 그리고 별 생각 없이 그가 건넨 프로젝트와 그 해답을 검토해 보던 팀장은 엄청난 충격을 받고 그 자리에 얼어붙고 말았다. 모든 것이 완벽하게 해결되어 있는 것이 아닌가! 그때 이후 그 팀장은 회사의 선배들과 팀원들에게 은밀히 경고하기 시작했다.

"이번에 들어온 신입사원 알지? 알고 보니 실력이 보통이 아니야. 자칫 잘못하면 우리 실력이 드러날 수 있으니 될 수 있으면 그 친구와 부딪치지 말게."

이렇게 하여 안광수 집사는 실력자로 소문이 나면서 마이크로소프트 본사에 무사히 연착륙했고, 그 후 여러 번의 구조 조정 칼바람 속에서도 꿋꿋이 살아남았으며 지금은 회사를 명예퇴

2010년 시애틀을 방문하여 안광수 집사와 함께 기념 촬영

직하고 개인 사업을 하고 있다. 이처럼 성실히 실력을 쌓되 오직
하나님만 의지하며 살아가는 그리스도인에게 하나님은 기적의
손길로 그를 도우신다.

4장

자녀의 신앙 교육을 미리 준비하라

자녀의 영적 위기 상황 앞에서 우리가 할 수 있는 최선의 방법은 하나님께 부르짖는 것이다. 부모가 온 마음을 다해 자녀를 위해 하나님께 부르짖을 때 하나님은 반드시 응답하시고 살 길을 열어 주신다. 다음 세대 우리 자녀에게 문제가 있는 것이 문제가 아니라 그 상황에 대한 하나님의 해결책을 간구하지 않는 것이 진정으로 문제이다. 우리가 전심으로 다음 세대의 문제를 위해 간구하면 하나님은 반드시 답을 주신다.

그리스도인 청년이 결혼을 하면 가정을 이루게 되고 자연스럽게 자녀들이 태어난다. 자녀가 그리스도 안에서 필승의 삶을 사는 것이 모든 그리스도인 부모의 간절한 소망일 것이다. 그러나 그 소망이 현실이 되려면 자녀의 신앙 교육에 대한 구체적이고 능동적인 계획이 필요하다. '주의 일'에 열심을 쏟아 붓느라 방치된 자녀가 하나님의 은혜로 믿음 안에서 바르게 성장할 것이라는 생각은 도시 전설에나 어울릴 만한 사이비 믿음으로 위험천만하기 짝이 없다.

자녀의 신앙 교육에는 세 개의 축이 있다. 그것은 바로 가정과 교회와 학교 ^{사회} 다. 이 세 가지 축이 든든히 서 있다면 자녀가 신앙 안에서 반듯이 성장하는 것을 기대할 수 있다. 그러나 자녀의 신앙 교육에 있어서 오늘날의 현실은 참으로 암담하다. 기독교 대안학교가 아닌 이상 일반 공·사립학교에서는 신앙적인 가르침은 일체 배제한 채 진화론과 같은 반기독교적인 가르침이 성행함으로써 이미 한 축이 무너져 있는 상태다. 가정 역시 불신자의 가정이라면 신앙 교육은 전혀 없으며 오히려 신앙의 역기능적인 측면이 강하다. 신자의 가정이라 해도 적극적이고 능동적으로 자녀에게 신앙을 교육하는 가정을 찾아보기 힘든 지경이다. 모든 신앙 교육을 교회에 맡겨 버리는 그리스도인 부모가 부지기수다. 따라서 가정이라는 다른 한 축도 결코 든든하다 할 수 없다. 그렇다면 마지막 축 혹은 마지막 보루가 교회[즉 교회학교]인데, 이마저도 든든한 축이라고 말하기에는 미흡한 면이 너무나 많다. 아이들에게 신앙을 강요하기 싫다는 이유로 자녀를 교회학교에 보내지도 않는 그리스도인 부모가 허다하며, 아이들이 교회학교에 꼬박꼬박 출석한다 해도 체계적인 신앙 교육을 받지 못하는 경우가 다반사다. 이런 상황에서 어떻게 해야 우리 자녀들이 그리스도 안에서 필승의 삶을 살도록 초석을 놓아 줄 수 있을까?

어떤 그리스도인 부모들은 열심히 자녀를 야단치는 것을 통해 그들의 행동을 교정하고 또 그들을 바른 신앙으로 이끌기 위해 노력하는 것 같다. 교회 출석하지 않으면 혼내고, 헌금으로 몰래 군것질하면 혼내고, 친구와 싸우면 혼내고, 주 7일 하루 24시간 자녀를 혼내는 데 혼신의 힘을 쏟는 부모들이 의외로 많다. 그런데 왜 이렇게 효과가 미미할까? 왜 혼이 쏙 빠지도록 야단을 맞은 아이들은 변화되지 않는 것일까? 이것이 내가 품은 의문이었다. 이 의문을 계속해서 주님 앞에 올려 드리고 있을 때, 어느 날 이런 깨달음이 왔다.

"혼내면 혼이 나간다. 혼은 생각과 감정의 좌소이므로 혼이 나간 상태에서는 아무리 혼을 내도 아예 그 말이 들리지도 않으므로 소용이 없다. 부모가 혼내는 것을 끝내면 혼이 다시 돌아온다. 크게 혼내면 혼이 멀리 나가며 자주 혼내면 혼이 자주 나간다. 그러다가 결국은 몸이 그 혼을 따라 나가는 경우가 생기는데, 그것이 바로 가출이다." 물론 이 말은 부모가 혼을 낼 때 정말로 아이의 혼이 몸 밖으로 나간다는 소리는 아니다. 다만 혼내는 것이 그다지 좋은 결과를 낳지 못하는 이유를 설명하는 비유적인 표현일 따름이다.

참으로 끔찍하지 않은가? 애써 자녀에게 입이 아프도록 잔소리를 하지만 그것이 오히려 역효과를 불러올 수 있다는 사실이…. 그러므로 부모는 반드시 아가페 사랑으로 자녀를 훈육해야 한다. 물론 거기에도 성경적 원리에 부합한 기술이 필요하다. 미국 형사들의 취조 기법 중에 "좋은 경찰, 나쁜 경찰 Good Cop, Bad Cop"이라는 것이 있다. 용의자를 체포하여 취조실로 데려온 후 먼저 나쁜 경찰이 등장한다. 그는 용의자가 담배 한 대 피울 수 있느냐 혹은 바같으로 전화 한 통 걸 수 있느냐 부탁할 때마다 그 모든 요구를 묵살하고, 탁자를 내려치며 공포 분위기를 조성한다. 이렇게 용의자를 거칠게 다룬 후 나쁜 경찰은 취조실을 나가고 잠시 후에 좋은 경찰이 들어온다. 그는 "얼마나 힘들었으면 그런 범죄를 저질렀을까?" 등의 말로 용의자를 다독거리며 그가 요구하는 대로 담배를 입에 물려 주고, 손목이 아프다 하면 수갑도 풀어 주기도 한다. 이렇게 좋은 경찰이 인간적으로 대해 주면 나쁜 경찰에게 시달렸던 용의자의 마음이 녹아 자신의 범죄를 자백할 가능성이 현저히 높아진다. 그런데 사실은 이런 취조 기법에서 나쁜 경찰, 좋은 경찰이 따로 있는 것이 아니라 형사들은 각자 자신이 맡은 배역을 충실히 수행하고 있을 따름이다. 물론 나쁜 경찰 역을 맡은 사람은 얼굴이 좀 더 우락부락하다든지 혹은 성격이 좀 더 화통하다든지 하는 이유로 그 역을 맡는 경우는 있을 것이다. 그러나 그 사람 자체가 정말로 나쁜 사람이어서 나쁜 경찰 역을 맡는 것은 아니다.

마찬가지 원리로 가정에서도 아버지가 나쁜 경찰의 역할을 맡고 어머니가 좋은 경찰의 역할을 맡아야 한다. 과거 70-80년대만 해도 자녀가 잘못을 저지를 경우 어머니가 자녀를 직접 야단치는 경우가 거의 없었다. 다만 "저녁에 아빠 오시면 보자!"라는 말로 아버지에게 훈육의 책임을 넘겼다. 그날 저녁 아버지가 오셔서 자녀가 행한 잘못에 관해 듣고 적절한 훈계를 내리는 것이 그 시절의 풍경이었다. 그런 다음 아버지에게 야단맞은 자녀가 울고 있을 때 좋은 경찰 역을 맡은 어머니가 와서 자녀를 위로해 주었다. 이것은 매우 지혜롭고 성경적인 훈육의 원리이다. 그런데 오늘날 한국 사회는 어머니가 나쁜 경찰 역할을 하는 경우가 매우 많은 것 같다. 이것은 부모 모두가 나쁜 경찰이거나 부모 모두가 좋은 경찰인 것에 비해서는 그나마 낫지만, 성경적 원리에 부합하는 것은 아니다. 성경은 아버지가 훈육을 담당하고 어머니는 성령님이 그러하신 것처럼 위로하는 역할을 하는 것이 바람직하다고 가르친다.

실로 오늘날은 믿음의 다음 세대를 키워 내는 일이 모든 그리스도인들에게 커다란 도전이 되고 있다. 이 세상이 점점 타락해 가고 악한 마귀의 세력이 자신의 날이 얼마 남지 않은 것을 알고 다음 세대를 끊어 버리기 위해 온갖 궤계와 유혹을 다 동원하기에 우리가 조금만 방심해도 순식간에 다음 세대를 마귀의 손에 뺏길 수 있음을 자각해야 한다. 다음 세대를 전도하는 일에 일생을 드린 나 역시 다음 세대를 신앙으로 잘 키워 내기란 정말 쉽지 않은 일임을 절감하고 있다. 그러나 불가능한 일은 아니다! 하나님의 말씀 안에 우리 자녀들의 신앙 교육에 대한 답이 있음을 믿고 구체적인 말씀의 가르침을 붙들고 믿음으로 승리해야 한다.

하나의 예로 열왕기하 4장 1-7절을 보면 다음 세대의 신앙 교육에 대한 좋은 가르침이 포함된 이야기가 나온다. "과부의 기름병"이라는 제목으로 모두가 잘 알고 있는 엘리사 선지자 시절의 이야기이지만, 깊이 묵상해 보면 그 안에 다음 세대를 믿음의 사람으로 키워 낼 수 있는 중요한 원리들이 오롯이 담겨 있음을 알 수 있다.

열왕기하 4장 1절을 보면 비극적인 상황을 맞이한 한 선지자의 제자의 가정이 소개된다. 그는 엘리사가 운영하는 선지 동산에서 선지자로 성장하기 위한 훈련 중에 어떤 이유에선지 이 땅을 떠나고 말았다. 가장을 잃은 가정은 한 순간에 사회적 약자로 추락하고 말았다. 그의 아내는 아직 장성하지 못한 두 아들을 부양해야 하는 무거운 짐을 떠맡은 과부가 되고 말았다. 설상가상으로 그 가정에는 빚이 있었다. 아마도 가장이 죽었다는 소문이 빚 준 사람에게 들리자 그는 서둘러서 빚을 받아 내야겠다고 결심하게 된 것 같다. 그런데 문제는 그 가정이 너무나 가난하여 도저히 빚을 갚을 능력이 없다는 데 있었다. 지금은 빚을 갚을 능력이 없을 경우 개인 파산 등을 통하여 회생할 기회를 얻을 수 있지만, 그 시절에는 자녀를 데려가 종을 삼는 것이 일반적인 관행이었다. 그야말로 풍전등화의 위기가 가장을 잃은 가정을 덮친 것이다.

　이 비참한 그림이 보여 주는 것이 바로 오늘날 우리 자녀들이 처한 영적 현실이다. 성경은 죄를 짓는 자마다 죄의 종이 된다^{롬 6:16}고 경고한다. 우리가 알지 못하는 사이에 우리 자녀가 사탄의 유혹에 넘어가 죄를 짓게 되면 그는 죄의 종이 되고 만다. 이제 법적 권리를 얻은 사탄은 당당히 우리의 자녀를 청구한다. 그를 데려가 온전히 죄의 종을 삼겠다는 것이다. 공의의 하나님은 사탄의 청구를 거부하실 수 없다. 이러한 때 우리가 할 수 있는 일은 무엇일까? 본문에 나오는 여인의 행동에서 답을 찾을 수 있다. 그 여인은 하나님의 사람 엘리사에게 찾아가서 부르짖었다. 구약 시대에는 이스라엘 백성 개인이 하나님께 직접 부르짖을 수 없는 시대였으므로 하나님의 사람을 찾아가서 부르짖었다는 말은 하나님께 부르짖었다는 말이다. 그렇다. 자녀의 영적 위기 상황 앞에서 우리가 할 수 있는 최선의 방법은 하나님께 부르짖는 것이다. 부모가 온 마음을 다해 자녀를 위해 하나님께 부르짖을 때 하나님은 반드시 응답하시고 살 길을 열어 주신다. 다음 세대 우리 자녀에게 문제가 있는 것이 문제가 아니라 그 상황에 대한 하나님의 해결책을 간구하지 않는 것이 진정으로 문제이다. 우리가 전심으로 다음 세대의 문제를 위해 간구하면 하나님은 반드시 답을 주신다.

무한한 지혜를 지닌 하나님은 어떠한 문제에 대해서도 완전한 해답을 갖고 계신다. 그런데 대부분의 경우 그분의 응답은 우리의 '겨자씨만 한' 믿음의 반응을 요구한다. 이 여인에게도 동일한 원리가 적용되고 있다. 열왕기하 4장 2절에서 엘리사는, "내가 너를 위하여 어떻게 하랴 네 집에 무엇이 있는지 내게 말하라."라고 요청했다. 물론 여인은 자신이 가진 것이 보잘 것 없음을 강조하며 "계집종의 집에 기름 한 그릇 외에는 아무것도 없나이다."라고 대답했다. 그러나 하나님께는 그것으로 족했다.

하나님은 사람에게서 큰 것을 기대하지 않으신다. 하나님은 사람이 그 자신의 힘으로 홍해를 가르고, 여리고 성벽을 무너뜨리고, 미디안의 대군을 물리칠 것을 기대하지 않으신다. 그 모든 기적적인 기도 응답은 하나님의 몫이다. 그러나 하나님은 우리가 그분의 말씀에 순종하여 성난 군중과 추격해 오는 애굽 군대 앞에서 믿음으로 홍해를 향해 지팡이를 내밀기를 기대하신다. 하나님은 우리가 겸손히 순종하여 믿음으로 여리고 성을 돌기를 기대하신다. 하나님은 우리가 약속의 말씀을 의지하여 용감하게 한밤중에 믿음으로 항아리를 깨고 횃불을 꺼내 고함지르기를 기대하신다. 우리 편에서 작은 믿음으로 반응할 때 하나님은 큰 기적의 역사로 응답하신다!

이제 열왕기하 4장 3-4절에서 하나님의 구체적인 기도 응답이 주어진다.

너는 밖에 나가서 모든 이웃에게 그릇을 빌리라 빈 그릇을 빌리되 조금 빌리지 말고 너는 네 두 아들과 함께 들어가서 문을 닫고 그 모든 그릇에 기름을 부어서 차는 대로 옮겨 놓으라.

이 구절에서 하나님은 신앙의 부모들이 자녀를 위해 해야 할 신앙의 행위가 무엇인지를 정확하게 지적하신다. 하나님은 기도 응답의 현장, 하나님이 역사하시는 현장, 기적의 현장에 우리 자녀들이 함께 있도록 명하신다. 사실 그릇에 기름을 붓는 것은 여인이 혼자서도 충분히 할 수 있는 일이다. 그러나 하나님은 두 아들과 함께 들어가서 그 일을 하도록 구체적으로 지시하신다. 왜 굳이 그렇게 지시하셨을까? 하나님은 지금 이 기적의 현장이 자녀의 신앙 교육을 위한 절호의 기회였음을 아셨던 것이다.

당신이 하나님의 응답을 위해 기도할 때 당신의 자녀는 어디 있는가? 혹 PC방이나 컴퓨터 앞 혹은 노래방에 있지 않은가? 그렇다면 그 기도가 응답되는 기적의 현장에도 자녀들이 함께하지 못할 확률이 매우 높아진다. 나의 가정은 비밀스러운 것이 아닌한 가족의 모든 기도 제목을 자녀들과 나누며 함께 기도한다. 그리고 그 기도가 응답되는 순간 반드시 자녀들을 불러 현장을 목도하게 한다.

2008년 3월은 우리 가족에게는 악몽과 같은 시간이었다. 우리 가족의 호주 영주권 신청이 거절된 것이었다. 우리 가족의 영주권 신청을 검토하던 담당자가 모든 것이 만족스러우므로 신체검사 결과만 나오면 영주권을 주겠다고 약속까지 했지만, 그가 갑자기 전출을 간 후 후임으로 온 새로운 담당자가 아무런 이유 없이 결정을 번복해 버린 것이었다. 나중에 알고 보니 그는 한국 목사들의 영주권 신청을 7건 연속해서 뚜렷한 사유 없이 거절한 전력이 있었다.

원칙적으로 영주권 신청이 거절되면 몇 주 내로 호주를 떠나야 하지만, 재심 신청을 할 수 있어서 시간을 벌 수는 있었다. 그러나 문제는 당시 큰아들 한별이가 중·고등학교 입학시험을 치렀고 그 결과를 기다리고 있는 상태였다는 데 있었다. 호주는 중·고등학교 입학시험이 매우 중요하다. 우리 가족은 한별이가 집 근처에 있는 명문 공립학교에 합격하기를 기도하고 있었으나 영주권이 나오지 않으면 교육청에서 시험 점수조차 알려 주지 않는다. 그리고 그 상태로 여러 달이 흐르면 자동으로 시험 결과 자체가 무효화되고 명문 공립학교의 진학은 불가능하게 되는 상황이었다.

온 가족이 기도하는 가운데 나는 변호사를 찾아가서 상의했고, 감사하게도 변호사는 해외에서 영주권을 신청하는 마지막 보루가 남아있다고 하면서 그 방법을 사용해 볼 것을 권했다. 그리하여 나는 변호사의 권유를 따랐고, 2008년 3월 말 담당 변호사에게서 연락이 왔다.

"목사님, 일단 기술심사가 통과되었습니다. 따라서 이제 나머지 서류가 준비되는 대로 온 가족이 출국을 하시면 됩니다."

해외에서 하는 영주권 신청이라 호주 이민법상 신청서를 접수할 당시에는 신청인의 온 가족이 반드시 해외에 체류하고 있어야만 했던 것이다.

"알겠습니다. 제가 미국에서 열리는 국제대회 참석을 위해 어차피 4월 22일 출국을 해야 하니, 그때 가족들도 함께 출국하도록 하겠습니다."

이렇게 대답하면서 전화를 끊은 나는 당혹스러움을 금할 길이 없었다. 가족의 출국을 각오하고 있긴 했으나 막상 날짜가 잡히니 재정적인 부담감이 크게 엄습해 왔기 때문이다. 게다가 그 당시는 은행 잔고가 거의 바닥난 상태였기 때문에 부담감은 더욱 가중되었다.

그러나 어쨌든 항공권을 예약해야 했기에 평소 나의 항공권 예약을 대행해 주는 여행사에 이메일을 보냈다.

"지난 번 제가 부탁한 한국을 경유하는 미국 왕복 항공편과 동일하게 저희 가족에 대한 예약을 부탁합니다. 저를 제외한 나머지 가족은 한국만 왕복하면 됩니다."

잠시 후에 여행사로부터 답신이 왔다.

"목사님, 가족들에 대한 좌석은 확보 가능합니다. 그런데 내일인 4월 1일부터 유류세가 크게 인상되니 가급적 오늘 발권을 하시는 것이 좋겠습니다."

엎친 데 덮친 격이라고 여행사에서는 당장 발권을 하지 않으면 20만 원 이상 손해를 볼 것이라고 말하는 것이었다. 어쩔 수 없이 통장에 있던 잔고를 긁어모아 80만 원 정도를 예약금으로 지불하고 여행사에 발권을 부탁했다. 여행사에서는 일단 발권을 한 후 나머지 금액인 300만 원을 지불하면 항공권을 보내 주겠다고 했다. 하지만 출발 전까지 과연 항공 요금을 마련할 수 있을지 암담한 상황이었다.

바로 다음 날, 아이들과 이 상황을 놓고 하나님 앞에 간절히 기도하고 있던 중에 이메일을 체크하는데 "송금 건"이라는 제목의 메일이 눈에 띄었다. 무슨 내용인지 궁금하여 이메일을 열어 보니 그것은 뜻밖에 아주 오래 전에 우리가 새소식반에서 예수님을 영접하게 하고 교회로 인도한 진수라는 아이의 어머니로부터 온 메일이었다.

"어제 사모님 이메일 주소로 간단히 보내었는데 연락이 없어

다시 여쭈어 봅니다. 어느 곳으로 송금하는 것이 가장 편리하신 지요? 빠른 연락 부탁드립니다."

이 내용만으로는 무슨 뜻인지 잘 모르겠어서 나는 아내에게 앞서 왔던 이메일을 열어 보라 했다. 아내가 확인한 이메일에는 놀라운 내용이 적혀 있었다.

일전에 진수네 가정이 해외 발령이 나면 첫 월급을 우리에게 작정 헌금으로 드리겠다고 하나님께 서원했었는데 이번에 진수 아버지가 싱가포르에도 투자회사를 세우는 임무를 갑자기 맡게 되었고, 이메일을 보낸 그 주간에 서둘러 싱가포르로 이사를 마쳤다는 것이다. 이에 따라 하나님께 서원한 대로 첫 월급을 헌금으로 보내 주겠다는 내용이었다. 이메일 한 통과 함께 우리 가족의 해외여행 경비에 대한 염려는 눈 녹듯 사라지고 말았다. 아이들도 옆에서 이 기적 같은 사건을 보면서 온 가족이 손을 맞잡고 하나님께 영광과 감사의 기도를 올려 드렸다.

그렇게 영주권 신청을 위해 온 가족이 한국을 다녀온 후 시간이 흘러 8월이 되었다. 영주권은 여전히 나올 기미가 보이지 않았고, 이웃의 모든 자녀들은 시험 성적 발표와 함께 학교 배치까지 마무리된 상황이었다. 우리 가족은 하나님이 기적을 베풀어 주실 것을 간절히 기도하고 있었다. 그러던 어느 날 교육청에서 연락이 왔다. 한별이의 영주권 신청 상황이 어떻게 되었는지 확인하면서 한두 주 내로 영주권이 나오지 않으면 어쩔 수 없이 대기 중인 다른 학생에게 학교 입학을 허락할 수밖에 없다는 통보였다.

이제 정말 발등에 불이 떨어진 상황이었다. 온 가족이 매일 기도하며 하나님의 선하신 손길을 기다렸다. 마침내 이제는 정말로 막다른 골목에 다다랐다고 느껴지던 바로 그 순간, 변호사에게서 연락이 왔다.

"목사님, 정말 기적같이 영주권이 신속히 나왔습니다. 영주권을 신청한지 4달도 안 되어 나오는 것은 극히 이례적입니다. 축하드립니다."

그 소식에 우리 가족은 펄쩍펄쩍 뛰면서 하나님을 찬양했다.

그러면서 변호사는 서둘러 출국해야 한다고 종용했다. 해외에서의 영주권 신청인 까닭에 이번에도 호주 이민법상 온 가족이 해외로 나가서 영주권 비자를 받아 다시 호주로 입국해야 한다는 것이었다. 이번에는 항공 요금을 아끼기 위해 가장 가까운 뉴질랜드를 다녀오기로 했다. 물론 출발 전에 교육청에 영주권이 나왔음을 통보하는 것도 잊지 않았다. 뉴질랜드에 도착하자마자 호주 대사관을 찾아가 영주권 비자를 받은 후 우리 가족은 숙소에서 간절히 기도했다. 교육청에서 한별이를 탈락시키지 않기를 기도했던 것이다.

영주권 비자를 받은 다음 날, 이메일을 체크해 보니 교육청에서 온 것이 있었다. 떨리는 마음으로 온 가족이 노트북 앞에 둘러앉아 이메일을 열어 보았다. 이제는 나보다 영어를 더 잘 하는 한별이가 먼저 감격에 찬 환호성을 질렀다. 자신이 원하던 명문 중·고등학교에 당당히 입학이 허락된 것이었다! 그날 우리 가족은 뉴질랜드의 한 작은 숙소에서 서로 부둥켜안고 울면서 하나님께 감사와 찬양을 올려 드렸다. 우리 가족의 평생에 그날의 감격은 잊어버릴 수 없을 것이다.

이처럼 하나님이 역사하시는 현장에 동참한 자녀는 절대로 신앙의 길에서 벗어나지 않는다. 비록 성장 과정 중에 굴곡은 있을 수 있으나 하나님과의 근본적인 관계는 절대로 흔들리지 않는다. 왜냐하면 하나님이 역사하시는 현장에 있어 본 경험이 믿음이 흔들리지 않도록 그를 든든히 붙들어 주기 때문이다.

이스라엘의 역사 가운데 사사 시대는 왜 그렇게 혼탁했을까? 어째서 모든 사람이 자기 소견에 옳은 대로 방자히 행했을까? 여호수아와 사사기 두 곳에서 하나님은 그 문제에 대한 원인을 정확하게 진단해 주신다.

이스라엘이 여호수아가 사는 날 동안과 여호수아 뒤에 생존한 장로들 곧 여호와께서 이스라엘을 위하여 행하신 모든 일을 아는 자들이 사는 날 동안 여호와를 섬겼더라(수 24:31).

본문에서 말하는 "여호수아 뒤에 생존한 장로들"은 광야 세대
에 속한 자들로서 이스라엘 백성이 마른 땅을 밟고 요단강을 건
너도록 하나님이 요단강을 말리는 기적을 베푸시는 것을 친히
목도했고 가나안 정복 전쟁에서 하나님이 놀라운 권능으로 이스
라엘 백성들과 함께하심을 경험한 자들이었다. 이런 장로들이
이스라엘의 지도자로 생존해 있는 동안에는 이스라엘 백성들이
여호와를 섬기는 데서 떠나 헛된 길로 가지 않았다는 말이다. 그
러나 세월이 흘러 하나님의 기적의 현장에 있었던 장로들이 모
두 세상을 떠나자 이스라엘 백성은 급격히 타락하는 모습을 보
여 주었다. 그것이 바로 사사 시대의 혼탁한 상황인 것이다.
이제 열왕기하 4장 5-6절을 보면 여인과 두 아들이 합심하여
믿음의 행위에 동참하는 모습을 볼 수 있다.

여인이 물러가서 그의 두 아들과 함께 문을 닫은 후에 그들은 그릇을 그에

게로 가져오고 그는 부었더니 그릇에 다 찬지라 여인이 아들에게 이르되 또 그릇을 내게로 가져오라 하니 아들이 이르되 다른 그릇이 없나이다 하니 기름이 곧 그쳤더라.

이 구절에서 나는 여인이 느꼈을 감정을 묵상해 보았다. 아마도 그 여인은 두 가지의 생생한 감정을 느꼈을 것이 분명하다. 하나는, "아! 이제는 살았구나!" 하는 가슴 치밀어 오르는 벅찬 감격이었을 것이다. 또 하나는 "이럴 줄 알았으면 더 많은 그릇을 빌려 오는 것인데!" 하는 아쉬움이었을 것이다. 그렇다, 우리의 믿음 생활은 삶 가운데서 기도 응답으로 인한 이러한 감격과 함께 한편으로는 자신의 믿음이 부족하여 입을 더 넓게 벌려 구하지 않았다는 아쉬움의 이중주가 울려 퍼져야 마땅한 법이다. 하나님의 기적적인 기도 응답으로 인한 이러한 감격과 아쉬움의 두 가지 감정의 교차가 당신의 삶에 없다면, 당신은 많은 것을 놓치고 살아가는 셈이다.

7절에 나오는 이야기의 결말을 살펴보자.

그 여인이 하나님의 사람에게 나아가서 말하니 그가 이르되 너는 가서 기름을 팔아 빚을 갚고 남은 것으로 너와 네 두 아들이 생활하라 하였더라.

문제가 기적적이고도 감격적인 방법으로 해결되었다! 이와 같은 기도 응답의 역사가 우리 삶 가운데 끊임없이 일어나야 한다. 그 이유는, 문제 해결이 그 자체로도 중요한 것이지만 그보다 훨씬 더 중요한 것은 그 문제 해결 과정에 동참하고 하나님이 하시는 기적의 역사를 지켜본 우리 자녀들이 우리의 신앙을 그대로 물려받아 하나님의 필승의 용사로 이 땅을 살아가게 되기 때문이다.

2부

필승의 과정
영적 성장

1장

소명에 응답하라

소명의 길은 고난의 길이기도 하다. 오해하지 말라. 고난 받기 위해
소명을 받는 것은 아니다. 그러나 제대로 된 소명이라면 고난이 따
라오게 마련이다. 그 이유는 죄가 관영한 이 세상에서 하나님의 영
광을 드러내고 그분의 나라를 확장시키고자 한다면 반드시 원수의
세력이 강력한 영적 전쟁을 걸어오기 때문이다. 고난이 무서워 소명
의 자리에서 도망치는 어리석음을 범하지 말라. 고난도 그 당시에는
힘들어 보이지만 지나고 나면 웃으며 나눌 수 있는 신앙의 추억거리
가 되는 법이다.

필승의 삶을 꿈꾸는 그리스도인이라면 당연히 자신의 소명을 발견하고 그 소명을 이루고자 하는 사명감에 불타야 한다. 그런데 하나님의 섭리가 신비로운 것은 소명 성취의 과정을 통해서 당사자인 그리스도인이 영적 성장을 경험하게 된다는 사실이다. 즉 어떤 그리스도인이 소명을 성취하면 하나님께 영광을 돌려드리며 하나님의 나라가 확장되는 동시에 그 과정에서 그 자신의 영적 성장이 이루어진다. 이것이 바로 소명의 이중적 목적이다.

소명을 다른 말로는 비전이라고도 할 수 있는데, 이는 넓은 의미에서 사용되는 것으로 그리스도인이 기도 중이나 비몽사몽 중에 보는 좁은 의미의 '환상'만을 뜻하는 것은 아니다. 무릇 비전 vision 이 없는 그리스도인은 방자히 행한다고 성경은 경고한다 잠

. 나는 이것을 이렇게 바꿔 쓰기를 즐긴다. "비전 ^{vision} 이 없는 그리스도인은 필연적으로 텔레비전 ^{television} 을 가까이 하게 되어 있다!" 당신의 집 거실 중앙에 TV가 모셔져 있고 그것이 매일 부지런히 가동되고 있다면 당신이 지금 제대로 된 비전을 가지고 있는지를 다시 한 번 확인해 보는 것이 필요하다. 나 역시 여러 해 전 집에서 TV를 치운 후부터 하늘 비전이 더욱 확고해지는 것을 경험했다.

소명의 성취를 통해 하나님께 큰 영광을 돌린 성경의 인물들을 자세히 살펴보면 그들이 애써 소명을 발견한 것이 아니라 소명이 그들에게 임했음을 알 수 있다. 요셉이 채색 옷을 입고 아버지의 사랑을 받으며 지낼 때, 하나님은 꿈을 통해 그에게 소명을 계시해 주셨다. 목동 다윗이 들에서 양을 치고 있을 때, 하나님은 사무엘 선지자를 통해 그에게 왕으로서의 소명의 기름을 부으셨다. 삼손이 태어나기 전에 하나님은 나실인으로서의 소명을 이미 그에게 허락하셨다. 당신은 어떠한지 모르겠으나 나 역시 어린이전도협회의 AP 지역대표가 된다는 것은 꿈에도 생각하지 못했으나, 하나님은 사람의 줄, 사랑의 줄을 통해 나에게 소명을 깨닫게 해 주셨다.

그런데 소명은 반드시 자신이 좋아하는 영역으로의 부르심이 아닐 수도 있음을 명심하라. 나 역시 처음 소명을 받았을 때는 매우 당황스러웠다. 청년 시절, 영어 실력을 갈고 닦은 나는 영어라는 영역에서 하나님께 소명을 받아 쓰임 받을 것으로 확신하고 있었다. 그런데 어린이 전도라니! 당시만 해도 국내의 어린이 전도자로 부름 받는다는 것은 영어와는 담을 쌓는 것으로 여겨졌다. 내가 마지막까지 소명에 응답하기를 주저한 것 역시 이러한 이유였다. 물론 지금은 영어 실력이라는 달란트를 십분 발휘하여 선교지에서 하루 7시간씩 2주간 영어로 현지 사역자들에게 강의를 하는 일이 잦지만 당시에는 그렇게 쓰임 받는다는 것은 상상도 못했던 것이다. 그때 내가 마음으로 이렇게 기도하며 소명에 응했던 기억이 생생하다.

"하나님, 저를 어린이 전도자로 부르시는 것은 정말이지 이해할 수 없습니다. 이럴 거라면 왜 지금까지 영어 공부에 그토록 온 열정을 쏟아 붓게 하셨나요? 하지만 이해는 되지 않지만, 부르심이 분명하다면 앞으로 평생 영어를 사용할 일이 없다 하더라도 이 길을 가겠습니다."

이 책을 읽는 독자 역시 하나님이 당신에게 주신 소명을 느끼지만 이런저런 이유로 그 소명에 반응하기를 주저하고 있지는 않은가? 혹시 당신은, "나는 다른 것은 다 먹을 수 있지만 카레는 정말 싫어서 인도 선교사로는 절대 갈 수 없어요!"라고 말하고 있지는 않은가? 그렇다면 조심하라. 하나님은 그런 사람을 인도 선교사로 보내실 수도 있기 때문이다. 하나님은 왜 그렇게 하시는가? 무슨 악취미가 있으셔서 싫다는 사람을 억지로 그 일을 하게 만드시는가? 그것은 커다란 오해이다. 하나님은 온전히 순종하는 사람만을 사용하실 수 있기 때문에, 어떤 사람에게 인간적이고 육신적인 고집이 있다면 그 고집을 꺾어야만 그를 하나님의 뜻대로 편하게 사용하실 수 있기 때문에 그를 코너로 몰아넣으시는 것이다.

따라서 소명에 대한 가장 좋은 태도는 이사야처럼 나의 모든 생각을 내려놓고 겸손히, "내가 여기 있나이다. 나를 보내소서!"라고 말씀드리는 것이다. 그러면 자비와 사랑의 하나님께서 그에게 가장 적합한 소명을 허락해 주신다 물론 아주 소수의 사람에게 하나님은 '고난의 종'이라는 극단적인 소명을 주시는 경우가 있으나 이는 예외적인 것이라 하겠다. 고난의 종이라는 소명 역시 아무나 감당할 수 있는 것이 아니라 그만한 그릇이 되는 사람에게만 허락하시는 법이다.

나는 선천적으로 내성적인 성격이라 낯선 사람들과 잘 어울리지 못한다. 그리고 위장이 약해서 조금만 상한 음식을 먹어도 곧바로 탈이 잘 난다. 실제로 같은 음식을 여러 사람이 먹었는데 유독 나만 탈이 나는 경우가 종종 있었다. 또한 한 곳에 머무는 것을 좋아하고 이리 저리 여행하는 것을 즐겨하지 않는 성격이다. 그런데 하나님이 내게 주신 소명은 이 모든 것과는 반대되는 것이었다. 그러나 복음에 일생을 드린 사람은 무슨 독을 마시더라도 해를 입지 않을 것이라고 약속하신 하나님의 말씀대로, 지난 14년간의 무수한 해외 사역 동안 단 한 번도 음식으로 인해 탈이 난 적이 없었고, 낯선 사람을 만나도 잘 친화하며 강의와 교제를 감당했고, 단 한 번도 항공기가 취소되거나 연착되어 어려움을 당해 본 적이 없었으며, 심지어 단 한 번도 체크인 가방의 무게가 초과되어 추가 비용^{overcharge} 을 낸 적도 없으니, 이는 가히 하나님의 기적이라 할 만하다.

국제어린이전도협회에 속한 아시아태평양의 34개 국가를 관할하는 AP 지역대표로서 나는 1년에 보통 50-60차례 비행기를 탄다. 이는 평균 한 주에 한번은 비행기를 타는 셈이다. 스톱오버^{stop-over} 를 하지 않았던 가장 긴 장거리 여행은 시드니를 출발하여 싱가포르, 홍콩, LA를 거쳐 미국 마이애미까지의 44시간의 여행이었다. 8일간 매일 비행기를 탄 것이 매일 연속해서 비행기를 탄 최고 기록이다. 또 이런 일도 있었다. 몇 년 전 어느 목요일 점심을 남태평양의 통가라는 섬나라에서 먹고, 금요일 점심을 호주 시드니, 토요일 점심을 홍콩, 주일 점심을 마카오 그리고 월요일 점심을 서울에서 먹은 기록이 있다. 닷새 동안 매일 다른 나라에서 점심을 먹은 것이다. 이렇게 매일 낮에는 메시지를 전한다든지 혹은 헌당식에 참석한다든지 하는 사역을 계속하면서 밤마다 연속해서 야간 비행을 하는 것은 보통 체력으로는 감당하기 어렵다.

앞서 설명한 마카오에서 한국 비행의 예를 들어 보자. 마카오 어린이전도협회 국가회관 헌당식에서 메지시를 전하고 그날 저녁 마카오 어린이전도협회의 모든 사역자들과 국가 이사들과 함께 저녁 만찬을 한 후, 9시 30분경 모든 일정이 끝났다. 이미 앞서 두 번의 밤샘 야간 비행을 한 터라 몸은 천근만근처럼 무거웠고 눈꺼풀은 저절로 감겼다. 이대로 숙소로 들어가서 쉴 수 있다

2011년 마카오 헌당식에 참석하여 본부 회관 앞에서

면 얼마나 좋을까! 그러나 새벽 2시 20분 서울행 저가 항공의 비행기를 타기 위해 밤 12시 경에 마카오 공항으로 가야 했다. 상황이 이렇다 보니 숙소는 이미 체크아웃을 마친 상태라 어디 가서 쉴 곳도 없었다. 어쩔 수 없이 인근의 카페에서 시간을 보내다가 밤 12시 경에 공항에 도착했다.

항공사 체크인 카운터에서 수속을 마치고 비행기에 탑승하러 공항의 통로를 따라 걷던 나는 깜짝 놀라고 말았다. 한국인으로 보이는 수많은 남녀의 무리가 모두 나처럼 눈이 충혈 된 좀비[?]와 같이 어기적거리며 탑승게이트를 향해 느릿느릿 걸어가고 있는 것이 아닌가! 이것이 어찌된 일인지 잠시 생각해 보았다.

'저들도 나처럼 야간 비행을 연속해서 한 것인가?'

그런 것 같지는 않았다. 그러다가 갑자기 그 이유를 깨달을 수 있었다.

'아하! 저들은 한국에서 금요일 오후 직장을 마치고 곧바로 저가 항공을 타고 마카오로 온 것이구나. 마카오에서 금요일 밤을 새며 카지노에 있었고, 토요일 하루 종일과 토요일 밤을 새며 카지노를 즐겼고, 일요일^{주일}에도 당연히 교회에 가지 않고 하루 종일 카지노에 빠져 있다가 이제 월요일 아침에 직장에 출근하기 위해 어쩔 수 없이 이 새벽에 귀국하는 길이구나.'

그랬다. 저들 역시 이틀 밤을 꼬박 샌 것은 나와 같은 형편이었던 것이다.

갑자기 주님을 모르는 저들에 대한 측은한 마음과 함께 나 자신의 처지에 대한 감사의 마음이 솟아났다. 나도 모르게 조용히 기도하기 시작했다. "주님, 제가 저들과 다름을 인하여 감사드립니다. 저는 저들처럼 카지노에서 밤을 새지 않고 주님의 일을 위해 밤을 샜습니다." 이렇게 기도하던 중에 갑자기 이런 식의 기도는 세리와 바리새인의 이야기에 등장하는 바리새인의 기도를 닮았다는 생각에 기도를 중단하게 되었다. 그러나 지금도 심야의 마카오 공항에서 만난 그때 그 무리들을 생각하면 가슴이 답답해지는 것을 금할 수 없다.

이처럼 내가 부르심을 받은 소명의 자리는 강철 체력을 요구한다. 나는 언제나 나 스스로 신체적으로는 유약한 사람이라고 생각하고 있었다. 그런데 하나님의 오묘한 섭리를 보여 주는 한 사건을 최근 경험했다. 2015년 벽두에 나는 한국어린이전도협회의 안동지회와 김천지회가 연합하여 영주에서 실시한 3일클럽 어린이전도자훈련에서 말씀 강사로 섬길 기회를 가지게 되었다. 모처럼 한국에서 열린, 그것도 내가 태어난 고향인 안동지회가 주관하는 훈련에 말씀 강사로 섬기게 되어 참으로 감회가 깊었다. 영하의 날씨에도 아랑곳하지 않고 잃어진 어린 영혼들을 찾아 길거리로 나서는 전도자들을 보며 나도 구령의 열정에 대한 강한 도전을 다시금 받았다.

3일클럽 훈련이 실시되는 동안 나는 안동지회 이사님 댁에 닷새간 머물렀다. 집 주인이신 이사님은 발반사요법 클리닉을 운영하는 분이신데, 1년에 만 명 이상의 발을 만지며 치료해 주신다고 했다. 선교지에도 자주 다니시며 발반사요법을 통해 복음을 전하고 제자들을 키운다고 말씀하셨다. 내가 영주를 떠나는 마지막 날 바쁜 중에도 고속터미널까지 친히 나오셔서 내 발을 잠시 만져 보시더니, 겉보기와는 달리 특이하게 강한 허리와 지구력을 하나님께서 주신 몸이라고 감탄하셨다. 그 말을 듣고 보니, 비행기를 아무리 많이 타도 한 번도 허리가 아파서 고생한 적이 없음을 기억하게 되었다. 하나님은 나의 소명에 적합하도록 이미 내 몸을 조성해 두신 것이었다.

사실 소명의 길은 고난의 길이기도 하다. 오해하지 말라. 고난 받기 위해 소명을 받는 것은 아니다. 그러나 제대로 된 소명이라면 고난이 따라오게 마련이다. 그 이유는 죄가 관영한 이 세상에서 하나님의 영광을 드러내고 그분의 나라를 확장시키고자 한다면 반드시 원수의 세력이 강력한 영적 전쟁을 걸어오기 때문이다. 고난이 무서워 소명의 자리에서 도망치는 어리석음을 범하지 말라. 고난도 그 당시에는 힘들어 보이지만 지나고 나면 웃으며 나눌 수 있는 신앙의 추억거리가 되는 법이다.

언젠가 내가 현지 사역자들을 훈련시키기 위해 파푸아뉴기니를 방문했을 때였다. 파푸아뉴기니는 아직도 미신과 주술이 성행하는 곳이다. 수도인 포트모르즈비^{Port Moresby} 를 둘러보는 가운데 현지 사역자인 폴^{Mr. Paul Sebea} 이 커다란 돌이 있는 곳으로 나를 안내했다. 그 돌은 길가에 특별한 장소를 차지하고 있었다. 어른 키를 훌쩍 넘는 크기에 무게 또한 상당해 보였다. 현지 사역자가 말했다.

"라 대표님, 이 돌은 특별한 돌이에요."

"제가 보기엔 평범한 돌인데 무엇이 특별하다는 것인가요?"

"과거 이 지역은 돌이 정말 많았습니다. 그런데 외국 회사가

파푸아뉴기니 주민들이 두려워하는 의문의 "돌들의 왕" 앞에서

이 지역을 개발하기 위해 그 많던 돌을 기중기로 날라 전부 바다에 집어넣었습니다. 모든 돌들을 바다에 다 넣고 작업이 완료된 그 다음 날 아침 이 돌이 이 자리에 우뚝 서 있었습니다. 모두들 대경실색하였고, 그 회사는 기중기를 동원하여 이 돌을 다시 바다에 던져 넣었습니다. 그런데 그 다음 날 아침 이 돌은 여전히 이 자리에 우뚝 서 있었습니다. 모두들 두려움에 벌벌 떨었고, 이 돌은 이곳에 있는 모든 돌들의 왕이라는 결론을 내렸습니다. 그래서 그때 이후 이 돌을 이 자리에 두고 아무도 건드리지 않습니다."

이야기의 진위야 어찌되었든 그 땅은 아직도 이런 미신이 성행하는 나라였다.

그 나라의 주거 환경 역시 열악하기 짝이 없었다. 나는 웬만하면 사역지에서 현지 사역자들과 숙식을 함께하는 편이다. 그러나 파푸아뉴기니만은 예외일 수밖에 없었다. 현지에서 자신의 집이 있어서 그곳에 거주하는 선교사가 아니라 외부에서 방문하는 선교사가 현지인의 집에 몇 주간 기거하는 것은 참으로 위험천만한 일이기 때문이었다. 그래서 나는 어쩔 수 없이 숙소를 알아보았다. 흔히 태평양 섬나라라고 하면 관광 산업이 잘 발달해 있고 저렴하고 좋은 숙소가 많을 것으로 생각하지만 현실은 정반대다. 나라가 태평양 한 가운데 멀리 떨어진 곳에 있다 보니 일반적인 관광객은 거의 없고, 외국인을 위한 숙소도 턱없이 부족한 편이다. 또한 드물게 있는 숙소도 가격이 매우 비쌌다. 조금 깨끗하다 싶으면 하루 숙박비가 200불을 훨씬 넘었다.

어쩔 수 없이 나는 현지 사역자를 통해 100불 선에서 아침과 저녁을 제공하는 모텔 비슷한 곳에 여장을 풀었다. 안내를 받아 방에 들어서는 순간 나는 참으로 깜짝 놀라고 말았다. 낡아 빠진 침대 하나만 덩그러니 놓여 있는 방은 지저분하기 짝이 없었고, 샤워기에는 뜨거운 물은 고사하고 흙탕물처럼 느껴지는 찬물이 약하게 흘러 나왔다. 욕실에는 수건이나 비누를 포함한 기본적인 세면도구도 없었다. 그 방에 들어가서 내가 가장 먼저 한 것은 바퀴벌레를 때려잡는 일이었다. 새끼까지 합쳐서 얼추 100마리 가까이 잡은 것 같았다. 죽이고 또 죽여도 사방팔방에서 자그마한 것들까지 얼마나 많이 기어 나오는지 학을 뗄 정도였다.

대충 방 정리를 한 다음 나는 침대에 걸터앉아 다음 날 강의할 내용을 검토하고 있었다. 그때 뭔가 후다닥 하는 소리와 함께 시커먼 물체가 방문 아래의 틈 사이로 튀어나가는 것을 보고 말았다. 그것은 다른 아닌 시커먼 쥐였던 것이다. 나는 애써 내가 본 것을 무시하고자 했다. 속으로 나 스스로에게 이렇게 말했다.

"저 쥐는 사람이 방에 불쑥 들어오니 겁을 먹고 숨어 있다가 기회를 보아 도망친 것이겠지."

이렇게 생각하자 마음이 한결 편해졌다. 다시금 강의 준비에 집중하고 있는데 1시간쯤 지났을까? 갑자기 후다닥 하는 소리와 함께 조금 전의 그 시커먼 쥐가 방문 틈 사이로 들어와서는 급히 방 한 쪽 벽에 커다랗게 금이 가 있는 곳으로 사라지는 것이 아닌가! 알고 보니 그 쥐는 방에 숨어 있다가 도망친 것이 아니라 원래 그 방에 살던 주인으로서 잠시 '마실'을 다녀온 것이었다. 방의 상태를 알게 되자 도저히 쥐와 함께 열흘을 동거하는 것은 마음에 내키지 않아 모텔 프런트에서 사람을 불러 방을 바꿔달라고 요청했다. 그는 군소리하지 않고 맞은 편 방을 내주었다. 그러나 그 방의 상태는 앞서의 방과 대동소이했고, 바퀴벌레를 또다시 잡아야 하는 괴로움만 가중될 따름이었다. 게다가 그 불결한 모텔에서 제공하는 아침과 저녁을 꼬박꼬박 계속해서 먹어야 하는 것은 또 다른 괴로움이었다.

하지만 나의 이런 고생도 함께 동역하는 AP의 교육 총무인 잰 존슨Miss Jan Johnson 선교사에 비하면 아무 것도 아니다. 이분은 환갑을 넘긴 미국 출신 싱글 여자 선교사로서 AP팀에 소속되어 현지 사역자들의 교육을 전담하는 분이다. 잰 선교사는 1년에 11달은 AP 지역 각국을 다니며 현지 사역자를 훈련시키는 교육 총무의 역할을 감당하고 나머지 한 달은 성탄과 신년 휴가로 고향인 미국의 뉴멕시코 주 앨버커키Albuquerque 에서 자매 가족과 함께 시간을 보낸다.

잰 선교사는 사역 차 나보다 훨씬 더 험한 곳을 많이 방문한다. 어느 날 그가 미얀마와 태국 접경 지역의 한 산골 마을로 교사 훈련을 위해 가던 중이었다. 그곳은 차량은 물론 차도도 없는 곳이라 오직 도보로 몇 시간을 걸어야 도착할 수 있는 곳이었다. 잰 선교사를 안내하던 현지 사역자가 불쑥 말을 건넸다.

"잰 선교사님, 마을에 도착하면 점심시간쯤 될 텐데 마을에는 식당이 딱 하나밖에 없습니다. 미리 식사에 관해 생각해 두는 것이 좋겠습니다. 메뉴는 통상 세 가지인데 도날드 덕, 배트맨, 미키마우스 중 하나를 선택하실 수 있을 겁니다."

'아니 이 산골짜기 마을에 웬 디즈니 캐릭터 식당이 있을까?'

잰 선교사는 속으로 의아한 마음이 들었지만 굳이 현지 사역

AP 교육 총무인 잰 존슨 선교사

자에게 물어보지는 않았다 한다.

마침내 그들은 마을에 도착했고, 식당을 찾아갔는데 그곳은 식당이라고 부르기가 민망할 정도로 다 쓰러져 가는 헛간과 같은 곳이었다. 현지 사역자가 식당의 주인 겸 주방장과 몇 마디 말을 주고받더니 잰 선교사에게 와서 말했다.

"선교사님, 죄송합니다. 오늘 도날드 덕과 미키마우스가 다 떨어져서 배트맨만 남았다 합니다."

"그렇다면 그거라도 먹어야겠지요."

잠시 후에 나온 요리는 다름 아닌 박쥐 한 마리를 통째로 찐 것이었다.

여전히 살아 있는 것처럼 자신을 노려보는 박쥐를 포크와 나이프를 사용하여 먹어 치우던 잰 선교사는 속으로 안도의 한숨을 내쉬었다.

'배트맨이 남아 있어서 정말 다행이네. 만약 미키마우스만 남아 있었더라면 큰일 날 뻔 했잖아.'

이처럼 소명의 길은 때로는 험난한 고생길이다. 그러나 우리가 그 길을 웃으며 갈 수 있는 것은 주께서 주신 소명이 참으로 복된 것이고, 순간순간마다 주님이 함께하시며 친히 힘을 북돋아 주시기 때문이다. 그리고 실제로 앞서 말한 것처럼 고생한 사건은 그 당시에는 힘들지만 지나고 나면 모두 함께 박장대소를 하며 유쾌하게 이야기를 나눌 수 있는 신앙의 추억거리가 된다. 동남아 깊은 산골 마을 식당의 메뉴가 배트맨과 도날드 덕과 미키마우스라니, 이 얼마나 배꼽 빠지게 웃기는 이야기인가!

마가복음 3장 13-15절은 소명에 관해 깊이 생각하게 해 주는 성경 본문이다. 예수님께서 공생애 초기에 제자를 부르신 사건을 묘사하는 이 본문을 통해 우리는 소명이 임하는 방식과 또 소명을 받은 자가 해야 할 일의 우선순위가 무엇인지를 정확히 알 수 있다.

> 또 산에 오르사 자기가 원하는 자들을 부르시니 나아온지라 이에 열둘을 세우셨으니 이는 자기와 함께 있게 하시고 또 보내사 전도도 하며 귀신을 내쫓는 권능도 가지게 하려 하심이러라.

공생애 초기 어느 날 예수님은 산에 오르셨다. 마가복음에는 주님이 산에 오르신 이유가 기록되어 있지 않으나 병행본문인 누가복음 6장 12절에는 이렇게 기록되어 있다. "이 때에 예수께서 기도하시러 산으로 가사 밤이 새도록 하나님께 기도하시고." 소명을 받은 자를 부르는 것은 주님께도 매우 중요한 일이었다. 그래서 그분은 밤이 새도록 기도를 하신 후 그 다음 날 아침에 제자들을 부르셨다.

13절은 예수께서 "자기의 원하는 자들을" 부르셨다고 기록하고 있다. 그렇다. 소명은 전적으로 하나님께로부터 오는 것이다. 하나님은 당신의 선하시고 기쁘시고 온전하신 뜻을 이룰 사람을 오늘도 찾고 계신다. 그렇다면 누가 주님의 원하는 자들이 될 수 있을 것인가? 도대체 어떤 자격을 갖추어야 우주의 주권자이시며 만왕의 왕이신 주님이 기꺼이 들어 쓰기를 원하는 자가 될 수 있을 것인가? 그에 대한 대답은 거창한 데 있지 않다. "하나님의 마음에 합한 자"라는 별명을 가진 다윗을 생각해 보면 된다. 일개 목동에 지나지 않은 다윗에게 하나님은 사무엘 선지자를 보내 소명을 전달하셨다. 왜 그랬을까? 당시 그가 하나님께 공을 세운 것이 있었을까? 그렇지 않다. 다윗은 다만 그 중심을 하나님께 드렸던 것이다. 바로 이 사실로부터 "내가 보는 것은 사람과 같지 아니하니 사람은 외모를 보거니와 나 여호와는 중심을 보느니라^{삼상 16:7}."라는 유명한 말씀이 유래하는 것이다. 당신 역시 주님이 원하는 자가 되기를 소원하는가? 그렇다면 무엇보다도 먼저 당신의 온 마음을 주님께 드리라. 그러면 반드시 주님의 주목을 받을 수 있다. 역대하 16장 9절은 이렇게 증거한다.

여호와의 눈은 온 땅을 두루 감찰하사 전심으로 자기에게 향하는 자들을 위하여 능력을 베푸시나니….

마가복음 3장 13절을 계속해서 보면 "자기의 원하는 자들을 부르시니"라고 하여 주님은 때가 되면 반드시 자기의 원하는 자들을 부르신다는 사실을 알려 준다. 여기서 우리가 소명에 관해 배워야 할 중요한 영적 원리가 있다. 즉 자신이 비록 온 마음을 주님께 드림으로 말미암아 주님의 원하는 자가 되었다 할지라도 주님이 부르실 때까지 잠잠히 기다리는 기간을 가져야 한다는 사실이다. 주님이 부르시기 전에 함부로 나서서는 안 된다.

모세는 인생의 거의 후반부인 80세의 황혼이 되어서야 하나님의 백성을 애굽에서 인도해 낼 지도자로 하나님의 부르심을 받았다. 그런데 실은 모세는 하나님의 부르심이 있기 훨씬 전에 스스로 히브리 백성의 지도자 역을 자청한 적이 있었다. 그는 애굽의 노예 부리는 자를 때려죽임으로써 하나님의 일을 한다고 생각했던 것이다. 하지만 그는 자신의 동족으로부터 "누가 너로 우리의 주재와 법관을 삼았느냐 네가 애굽 사람을 죽임 같이 나도 죽이려느냐?"라는 심한 반발을 당했고, 바로가 이를 알게 되어 자신을 죽일 것이라는 두려움에 사로잡혀 미디안 광야로 정처 없이 도망칠 수밖에 없었다.

인생에 있어서 부르심의 시간은 소명을 받은 자마다 각기 다르다. 어떤 이는 사무엘처럼 세상이 보기에는 아직 어린아이에 불과할 때 부르심을 받을 수도 있으며, 어떤 이는 모세처럼 황혼의 노인 시절에 부르심을 받을 수도 있다는 말이다. 세상이 인정하든 인정하지 않든 주님이 부르시는 그날이 바로 소명 받은 자가 주님의 일을 위해 첫발을 내딛는 날이다. 따라서 주님이 불러 주실 때까지 잠잠히 기다리는 법을 배우라. 불러 주시지 않는다면 그 부분에서 내가 소명을 감당하기에 준비가 부족하거나 혹은 하나님 나라라는 거시적 관점에서 아직은 적절한 때가 아닌 것일 수 있다. 그러나 준비되어 있다면 주님은 반드시 불러 주신다.

계속해서 13절을 살펴보자. 이제 소명을 받은 자가 취해야 할 행동이 나오고 있다.

자기의 원하는 자들을 부르시니 나아온지라.

소명 받은 자를 정하시고 부르시는 것은 하나님의 몫이지만 그 부르심에 반응하여 나아오는 것은 우리의 몫이다. 주님이 원하고 부르셨지만 그 음성에 적극적으로 반응하고 순종하여 나아오지 않으면 소명을 이루는 자가 될 수 없다.

모세를 다시 살펴보자. 40세에는 주의 부르심을 받기도 전에 행동했던 그가 이제 80세가 되어서는 정작 부르심이 임했을 때 주저하는 모습을 보여 준다. 출애굽기 4장 10절에서 그는 "오주여 나는 본래 말을 잘 하지 못하는 자니이다 주께서 주의 종에게 명령하신 후에도 역시 그러하니 나는 입이 뻣뻣하고 혀가 둔한 자니이다."라고 말하며 머뭇거리고 있다. 그런 모세를 향하여 여호와께서는 "누가 사람의 입을 지었느냐 누가 말 못 하는 자나 못 듣는 자나 눈 밝은 자나 맹인이 되게 하였느냐 나 여호와가 아니냐 이제 가라 내가 네 입과 함께 있어서 할 말을 가르치리라^{11-12절}."며 약속의 말씀을 주셨다. 그분의 뜻대로 우리를 불러 소명 받은 자로 세우시는 하나님은 그에 합당한 능력을 공급해 주겠다고 약속하신다. 하지만 그럼에도 모세는 "주여 보낼 만한 자를 보내소서."라고 말했다. 이에 여호와께서는 모세를 향하여 노를 발하셨다^{14절}.

주께서 소명을 주실 때 무조건적인 사양은 결코 미덕이 아니다. 그것은 겸손도 아니다. 오히려 그것은 소명 받은 자에게 필요한 모든 능력을 친히 공급하실 하나님을 믿지 못하는 불신앙이다. 이사야 6장 8절을 보면 높이 들린 보좌에 앉아 계신 주께서, "내가 누구를 보내며 누가 우리를 위하여 갈꼬?"라고 질문하시는 것을 볼 수 있다. 누가 가서 이스라엘 백성에게 임박한 하나님의 진노를 전하고 그들로 회개하게 할 것인가를 물으시는 것이다. 그렇다면 주님은 왜 보낼 자를 찾지 못하셨는가? 이스라엘 가운데 보낼 만한 자가 전혀 없었던 것일까? 아니다. 사실을 말하자면 이스라엘 백성을 위한 소명 받은 자로 부르시는 주님의 음성에 반응하는 자가 없었기 때문인 것이다. 왜냐하면 그 자리는 외롭고 고통스러운 자리, 왕의 미움을 받는 자리, 때로는 목숨의 위협까지 느껴야 하는 자리였기 때문이었다. 그 누구도 주의 음성에 반응하여 그 자리로 나아가려 하지 않았다. 그때 이사야는 "내가 여기 있나이다, 나를 보내소서!"라고 믿음으로 반응했고, 마침내 이스라엘 백성을 위한 위대한 소명을 받은 선지자로서 첫 발걸음을 떼게 되었다.

시대를 막론하고 이상의 세 가지 조건이 갖추어질 때 주님은 그 사람을 반드시 소명 받은 자로 들어 쓰신다. 14절은 "이에 열둘을 세우셨으니"라고 기록하고 있다. 우리가 알다시피 열둘은 완전수이다. 주님이 부르시는 소명 받은 자의 숫자에는 제한이 없다. 누구나 중심을 주께 드리고 주님의 부르심에 응하여 나아오기만 하면 하나님 나라의 소명 받은 자가 될 수 있다는 말이다.

그렇다면 이 세 가지 조건만 충족되면 곧바로 소명 받은 자로서 하나님 나라를 위해 놀라운 역사를 이루는 삶을 살 수 있다는 말인가? 물론 아니다! 그 이유는 소명 받은 자가 하나님이 허락하신 자신의 사명을 이루기까지는 필연적으로 부단한 노력과 자기 부인의 삶이 동반되어야만 하기 때문이다.

이제 14절 후반절과 15절을 통해 소명에 응답하여 나아온 자들이 거쳐야 할 훈련의 과정을 살펴보기로 하자. 14절 중반절은 "이는 자기와 함께 있게 하시고"라고 기록되어 있다. 그렇다. 소명 받은 자가 가장 먼저 해야 할 일은 '주님과 함께 있는 것'이다. 사도 바울의 예를 들어 보자. 그는 다메섹 도상에서 극적으로 소명을 받았다. 하나님은 바울의 소명이 무엇인지 아나니아에게 명확하게 밝혀 주셨다.

> 이 사람은 내 이름을 이방인과 임금들과 이스라엘 자손들에게 전하기 위하여 택한 나의 그릇이라 행 9:15.

그러나 바울은 곧바로 이방인의 사도로서의 사명을 감당하기 시작하지 않았다. 갈라디아서 1장 17절에 따르면 그는 아라비아로 갔고, 그곳에서 어떤 일을 했는지는 성경에 구체적으로 언급되어 있지 않으나 그가 거기서 주님과 함께하는 모종의 시간을 가졌을 것이라는 것은 대부분의 학자들이 동의하는 바이다.

당신은 개인적인 소명을 받았고, 주님이 그 소명으로 당신을 부르셨다고 믿는가? 그렇다면 주님이 "되었다. 이제 가라!" 하실 때까지 충분히 주님과 함께 있는 시간을 가져야 한다. 당신이 받은 소명이 크면 클수록 그 필요성은 더욱 절실해진다. 십계명을 하나님께로부터 직접 전달받는 엄청난 소명을 받은 모세는 그것을 앞두고 시내산에서 40일을 금식하며 주님과 홀로 하는 시간을 가졌고, 예수님 역시 공생애를 시작하는 첫 시점에서 인류 구원의 소명을 성취하기 위한 그 모든 사역 이전에 광야에서 40일을 금식하며 아버지 하나님과 함께하는 고독한 시간을 가졌다. 그 시간은 절대로 낭비되는 시간이 아니라, 앞으로의 소명 성취에 꼭 필요한 기초를 다지는 시간이다. 기초가 없는 건물은 조그마한 충격에도 무너지는 것처럼 주님과 함께하는 시간을 가지지 않은 소명 받은 자는 조그만 시련에도 소명을 저버리고 세상을 향해 나아갈 위험이 있다.

또한 넓은 의미에서 "자기와 함께 있게 하시고"라는 말은 주님의 임재를 늘 경험하는 삶을 의미하기도 한다. 사실 모든 그리스도인의 기본적인 제1 소명은 주님의 임재 안에 거하는 것이다. 다른 모든 소명이 이 소명에 뿌리를 박고 있어야 한다. 그렇지 않으면 다른 어떤 소명이 아무리 위대하다 하더라도 곧 말라서 시들어 버리게 되어 있다. 생수의 근원 되신 분을 떠나서는 그 어떤 열매도 기대할 수 없음은 당연지사이다. 그래서 예수님은 "나를 떠나서는 너희가 아무 것도 할 수 없음이라^{요 15:5하}."고 말씀하신 것이다.

이제 모든 그리스도인의 기본적인 제2 소명을 살펴보자. 그것은 14절 하반절에 나온다. "또 보내사 전도도 하며." 우리 각 사람에게 개인적으로 주시는 모든 소명은 이 두 번째 기본적인 소명과 반드시 연관되어 있어야 한다. 만약 당신이 받은 소명이 하나님 나라의 확장이라는 절대 명제와 별로 상관이 없는 것이라면, 당신의 소명을 의심해 보아야 한다. 하나님이 주시는 소명은 필연적으로 전도와 연결되어 있다. 마치 일반 사회에서 모든 회사의 궁극적인 목적이 결국은 이윤 추구와 연결되는 것처럼 하나님 나라의 모든 소명은 영혼 구원과 연결되어 있다. 어떤 회사에 고용되어 밤낮 연구만 하는 연구원 역시 궁극적인 목적은 신제품 개발에 도움을 주어서 회사가 돈을 벌게 하려는 것이다. 마찬가지로 어떤 사람의 소명은 영혼 구원과는 동떨어져 있는 것처럼 보일 수 있으나, 그것이 진정한 소명이라면 깊이 파헤쳐 보면 그 소명은 반드시 영혼 구원과 어떤 식으로든 연결되어 있음을 발견할 수 있다. 따라서 당신이 받은 소명의 진위는 전도라는 잣대로 검증해 볼 수 있다.

죄악으로 신음하는 이 세상은 복음을 절실히 원하고 있다. 비록 죄인들은 그 사실을 인식하지 못하고 있으나, 그들의 영혼은 날마다 탄식하고 있는 것이다. 먼저 믿게 된 우리가 복음 전도를 필생의 소명으로 삼아야 하는 이유가 여기에 있다. 죄로 잃어진 영혼은 우리를 기다려 주지 않는다. 복음을 들고 속히 저들에게 찾아가지 않으면 그들은 영원히 잃어질 위험에 있다.

2008년 나는 복음 전도의 긴급성을 보여 주는 한 가지 사건을 경험했다. 그해 4월 중순 나르기스라는 명칭이 붙여진 사이클론이 미얀마를 강타했다. 그 폭풍의 영향으로 홍수가 발생했고 미얀마 전역에서 14만 명 이상의 엄청난 숫자의 희생자를 낳았다. 안타깝게도 그들 중 많은 수가 어린이들이었다.

그해 5월 중순, 나는 미국에서 열린 어린이전도협회 국제대회 장소에서 미얀마 어린이전도협회 대표인 리니 ^{Mrs. Renee Ngwe} 를 만나 심심한 위로의 말을 건넸다. 그때 리니가 나에게 이렇게 말했다.

"라 대표님, 이번 홍수로 우리 사역자 가족 중에도 희생된 사람이 여럿 있고, 여러 사역자들의 집도 많이 무너졌습니다. 또한 많은 아이들이 희생되어서 마음이 몹시 아픕니다. 그러나 한 가지 위로가 되는 사건이 있습니다."

리니의 설명은 다음과 같았다. 충성된 미얀마 어린이전도협회 사역자 한 사람이 미얀마의 한 마을을 새롭게 개척하고 처음으로 그 마을에 가서 어린이전도협회의 프로그램인 새소식반을 통해 그 마을 어린이들에게 복음을 전했다고 한다. 그날 메시지 마지막 부분에서 초청을 했고 마을에 교회가 없어서 한 번도 복음을 들어 보지 못했던 50명 이상의 마을 어린이들이 예수님을 영접하기 원한다고 반응을 했다. 그 사역자는 어린이를 일일이 상담하여 예수님을 영접하도록 도와주었다. 그런 다음 그 다음 주에 마을을 다시 방문할 것을 약속하고 돌아왔는데, 나르기스로 인한 홍수가 그 주간에 마을을 덮쳤고, 새소식반에 왔던 어린이들을 포함한 마을의 모든 어린이들이 목숨을 잃었던 것이다.

만약 그 사역자가 복음을 들고 그 마을로 가는 것이 한 주만 늦었더라도 어떻게 되었을까? 그 마을의 모든 어린이들은 한 번도 복음을 들어 보지 못하고 이 세상을 떠나야만 했을 것이다. 죽음은 어리다고 찾아오지 않는 것이 아니며, 젊고 건강하다고 찾아오지 않는 것이 아니다. 우리 모두는 이 사실을 깊이 명심하고, 우리 자신이 먼저 만날 만한 때에 하나님을 찾아야 하며, 그

새소식반에 나와 예수님을 믿게 된 미얀마의 어린이들

다음으로는 복음에 소외되어 있는 자들이 그렇게 할 수 있도록 도와주는 것을 우리의 일생의 소명으로 삼아야 한다.

전도의 소명에 관해 한 마디 덧붙이자면, 그렇다고 하더라도 전도가 유일한 지상 목적이 되어서는 안 된다는 것이다. 비록 전도가 모든 그리스도인의 기본적인 제2 소명이기는 하지만, 기본적인 제1 소명은 아니라는 사실을 명심해야 한다. 오직 전도에만 몰두한 나머지 주의 임재를 추구하는 것을 등한시하는 분들이 있는데, 그런 분들은 장기적인 안목에서 볼 때 진정한 전도의 열매를 얻기 힘들며, 궁극적으로는 '전도하다가 탈진하는' 사태에 이르기 십상이다. 따라서 기본적인 소명의 우선순위를 정확하게 알고 실천해야 이런 사태를 미연에 방지할 수 있다.

이제 15절에 나오는 모든 그리스도인의 기본적인 제3 소명을 살펴보자. 그것은 바로, "귀신을 내쫓는 권능도 가지게 하려 하심이러라."라는 말씀에 집약되어 있다. 이 말씀은 물론 문자적으로는 귀신들린 사람에게서 귀신을 쫓아내는 축사 사역을 뜻한다. 그러나 넓은 의미에서 이것은 성령의 능력을 힘입어 이 땅에서 일어나는 모든 귀신의 역사를 타파하고 하나님의 뜻을 이 땅 가운데 이루며 사는 삶을 의미한다고 보아도 무방하다. 예수님이 이 땅에 오신 목적 중 하나는 "하나님의 아들이 나타나신 것은 마귀의 일을 멸하려 하심이라 _{요일 3:8하}."라는 말씀처럼 귀신의 모든 활동을 폐하기 위해서이다. 그리스도의 제자 된 우리 역시 삶 가운데서 모든 귀신의 역사를 폐하고 하나님의 나라를 확장해 나아가야 한다.

그런데 여기에는 중요한 두 가지 원리가 있다. 첫째 원리는 주님의 임재 안에 거하는 삶을 살지 못할 경우 귀신을 내쫓는 권능을 가지기 힘들다는 것이다. 그 이유는 하나님의 나라는 말에 있지 아니하고 오직 능력에 있기 ^{고전 4:20} 때문이다. 날마다 주님의 임재를 경험하지 못하는 그리스도인은 말만 무성하고 실제적인 능력 면에서는 어린아이와 같이 보잘 것 없는 자가 되고 만다는 사실을 명심하라. 그런 자들이 귀신을 내어 쫓고자 한다면 귀신으로부터 "내가 예수도 알고 바울도 알거니와 너희는 누구냐 ^행 ^{19:15} ."라는 조롱을 듣게 될 것이다.

둘째 원리는 귀신을 내쫓는 권능을 발휘하는 목적은 오직 전도에 있다는 것이다. 어떤 사람들은 자신이 "귀신을 마음대로 부리는" 재주가 있다고 뽐낸다. 그들은 "천사 동원권"이 있어서 하늘의 천사도 자기가 원한다면 동원할 수 있다고 자랑한다. 그런데 만약 그들이 이 모든 것을 전도라는 목적으로 행하지 않는다면, 그것은 위험천만한 일이다. 어느 순간 자신의 얄팍한 재주에 함몰되어 오히려 귀신이 긴히 사용하는 도구로 전락해 버릴 위험 소지가 다분하다. 자신에게 큰 영적 능력이 있을수록 오직 전도에만 그 능력을 집중하는 것이 성경적일 뿐만 아니라 자신의 영혼을 위해서도 유익하다.

이상에서 살펴본 것처럼 소명 받은 모든 그리스도인은 일생을 통해 주님의 임재를 목마르게 추구해야 하며, 그의 모든 말과 행동이 오직 전도에 초점이 맞추어져 있어야 하며, 삶의 현장에서 귀신의 모든 역사를 멸하는 성령의 능력을 발휘할 수 있어야 한다. 그것이 진정으로 소명 받은 자가 가야 할 신앙의 바른 길이자 필승을 성취할 수 있는 가장 확실한 길이다.

2장

말씀과 기도로 승부하라

말씀과 기도에는 넓이와 깊이라는 두 가지 측면이 있다. 이것은 양과 질이라고 표현할 수도 있을 것이다. 필승의 삶을 위해서는 말씀과 기도 생활에서 두 가지 측면 모두를 추구해야 한다. 어떤 분들은 말씀을 읽는 시간을 많이 내기는 하지만 말씀을 표면적으로만 읽고 깊이 있게 읽지 못하는 분들이 있다. 기도도 마찬가지이다. 기도하는 시간은 길지만 기도에 깊이 들어가지 못하는 기도 생활을 하는 분들이 있다. 물론 이런 분들은 삶에서 말씀과 기도가 턱없이 부족한 사람들보다는 훨씬 낫지만 뭔가 아쉬움이 큰 것은 사실이다. 따라서 우리는 말씀과 기도에서 넓이는 물론 깊이도 추구해야 마땅하다.

그리스도인이 필승의 삶을 사는 데 있어서 말씀과 기도라는 명제는 선택 사항이 아니라 필수 사항이다. 말씀과 기도가 결여된 신앙의 필승이란 있을 수 없다. 특히 청년의 시기에는 몇 가지 이유로 인해 더욱 말씀과 기도에 전무해야 한다. 그 이유들은 다음과 같다.

첫째, 말씀과 기도는 분량이라는 것이 있기 때문이다. 물론 이 말이 성경적 근거가 약하다고 동의하지 못하는 분들도 혹시 있겠으나, 우리 앞서간 신앙인들의 삶을 잘 살펴보면 이 말에는 분명한 근거가 있음을 알 수 있다. 마치 보에 물이 꾸준히 차다 보면 언젠가는 흘러넘치는 것처럼, 말씀과 기도로 삶을 채워 나가면 언젠가부터 삶에서 말씀과 기도가 흘러넘치는 것을 경험할 수 있다. 삶의 다른 많은 압박들이 비교적 덜한 젊은 시절이야말로 자신의 삶에서 말씀과 기도의 기초를 쌓고 또 채우기에 가장 적합한 인생의 시즌이다.

둘째, 말씀과 기도가 부족하면 청년의 정욕에 굴복할 위험이 크기 때문이다. 이 사실을 잘 알았던 다윗은 시편 119편 9절에서, "청년이 무엇으로 그의 행실을 깨끗하게 하리이까 주의 말씀만 지킬 따름이니이다."라고 고백한다. 날마다 말씀과 기도로 무장하지 않으면 죄의 권세 앞에 굴복할 수밖에 없음을 꼭 기억하자. 말씀과 기도로 당신의 삶에서 죄를 다스리지 못하면 죄가 당신의 삶에서 말씀과 기도를 다스릴 것이다.

셋째, 매우 실제적인 이유로, 청년의 때를 지나서 장년과 노년의 때가 되면 신체적으로도 말씀과 기도에 전무하기가 어려워지는 시기가 찾아오기 때문이다. 눈이 침침해져서 말씀을 읽기 힘들어지고, 관절이 아파 기도의 자리에 오래 앉아 있지 못하는 등 마음은 원이로되 낡아지는 육신이 마음의 소원을 받쳐 주지 못하는 시기가 반드시 도래한다. 그러나 그러할 때라도 청년 시절에 말씀과 기도에 전무한 사람이라면 어떻게든 말씀과 기도의 끈을 놓치지 않고 그 시기를 은혜롭게 통과할 수 있다.

말씀과 기도를 운동에 비유해서 설명하자면, 말씀이 정확한 자세라고 한다면 기도는 부단한 연습이라고 할 수 있다. 정확한 자세와 부단한 연습, 둘 다 매우 중요하다. 만약 정확한 자세가 확립되지 않은 상태에서 부단한 연습만 있다면 일정 수준인 '아마추어의 한계'에 도달하면 반드시 벽에 부딪치고, '프로 수준의 성취'라고 할 수 있는 더 이상의 발전이 없다. 반대로 정확한 자세에만 머물고 부단한 연습이 결여되면 폼은 멋있어 보이지만 실전에서는 전혀 힘을 쓰지 못한다. 이처럼 우리의 신앙생활 역시 기도에만 치우치면 언젠가 반드시 신앙 성장의 한계에 부딪치게 되고, 말씀에만 치우치면 겉멋만 든 신앙생활을 할 우려가 있다. 따라서 신앙생활에서 말씀과 기도의 균형을 잡는 것은 매우 중요하다. 말씀과 기도에는 넓이와 깊이라는 두 가지 측면이 있다. 이것은 양과 질이라고 표현할 수도 있을 것이다.

필승의 삶을 위해서는 말씀과 기도 생활에서 두 가지 측면 모두를 추구해야 한다. 어떤 분들은 말씀을 읽는 시간을 많이 내기는 하지만 말씀을 표면적으로만 읽고 깊이 있게 읽지 못하는 분들이 있다. 기도도 마찬가지이다. 기도하는 시간은 길지만 기도에 깊이 들어가지 못하는 기도 생활을 하는 분들이 있다. 물론 이런 분들은 삶에서 말씀과 기도가 턱없이 부족한 사람들보다는 훨씬 낫지만 뭔가 아쉬움이 큰 것은 사실이다. 따라서 우리는 말씀과 기도에서 넓이는 물론 깊이도 추구해야 마땅하다.

그러면 깊이는 어떻게 추구할 수 있을까? 두 가지 단계를 통해서 가능하다. 첫 번째 단계는 말씀과 기도의 삶에서 깊이가 필요함을 인식하는 것이다. 이것이 기초적인 단계이자 가장 중요한 단계이다. 이의 필요성을 인식하지 못하는 사람은 평생 얕은 물가에서 말씀과 기도의 물장구만 치다가 삶을 마감할 위험이 있다. 말씀과 기도의 더 깊은 대양이 있음을 인식하고 이를 추구하고자 하는 분발심을 길러야 한다. 두 번째 단계는 아이러니하게 들리겠지만 깊이의 중요성을 깨달은 후 넓이를 추구하면 된다. 다시 말하자면, 말씀과 기도의 더 깊은 자리로 들어가기를 소원하면서 말씀과 기도에 많은 시간을 할애하면 된다는 것이다. 이 두 가지 단계를 시행하면 말씀과 기도에서도 필승의 삶이 찾아온다.

나는 신학대학원에 합격하고 어린이전도협회 사역을 시작한 1994년부터 약 7년간 말씀에 전무할 수 있는 좋은 기회를 가지게 되었다. 당시 국제본부에서는 교사대학 TCE: Teaching Children Effectively 이라는 새로운 프로그램을 개발하여 전 세계 어린이전도협회 국가 본부에 그 프로그램을 도입하던 때였다. 한국어린이전도협회 역시 그 프로그램을 도입했다. 그 프로그램의 가장 큰 특징은 어린이 공과에서 단순히 성경 이야기를 들려주는 것이 아니라 성경의 이야기 사이사이에 복음의 핵심 진리를 넣어서 삶을 변화시키는 살아 있는 메시지를 어린이들에게 들려주고자 한다는 것이었다. 따라서 협회의 모든 공과가 TCE 방식으로 변환되었다.

한국처럼 국제본부의 자료를 번역해서 쓰는 나라들에게 이러한 변화는 매우 큰 도전이었다. 엄청난 분량의 공과들을 모두 다시 번역해야 했기 때문이었다. 마침 그러한 때에 내가 소명을 받아 한국어린이전도협회에서 일하기 시작한 것이다. 번역은 당연히 ?! 영어에 대한 준비를 갖춘 나의 몫이었다. 나는 7년간 밤낮없이 번역 작업에 몰두했다. 그 기간에는 여름휴가는 물론 추석과 설날에도 거의 마음 놓고 쉬어 보지 못했다. 왜냐하면 어린이전도협회 공과란 것이 학기별로 계속 새로운 것이 나와야 해서 번역 마감시간에 대한 압박이 대단했기 때문이었다. 이렇게 나는 국가가 지정한 최저 임금도 받지 못하고, 그나마 1년에 2-3달의 임금은 하나님께 헌금으로 올려 드리면서 이 길고 지루한 작업을 계속했던 것이다.

그런데 놀라운 것은 그때 당시에는 몸부림을 치면서 이 작업을 감당했지만, 결국은 이 작업이 나에게 말씀을 깊이 볼 수 있는 눈을 뜨게 하는 기회를 주었다는 사실이다. 하나님은 나의 작은 헌신을 기쁘게 받으셔서 그 보답으로 일생토록 귀하게 사용할 수 있는 엄청난 선물을 주신 것이다. 생각해 보라. 창세기부터 요한계시록에 이르기까지 성경 전체를 다루는 지극히 복음적인 설교 공과 를 7년간 밤낮없이 붙들고 씨름했다면 어떤 결과를 낳았을 것인지를…. 그때의 7년을 뒤돌아보면 나는 그 기간이 결단코 고생한 기간이 아니라 말씀의 깊은 곳으로 나아가는 법을 배운 축복된 시간이었음을 진심으로 고백할 수 있다. 물론 나에게 주어졌던 이런 동일한 기회가 당신에게도 주어지지는 않을 것이다. 그러나 어떤 방식으로든 말씀의 깊이를 추구해야 마땅할 것이다.

그 다음으로 기도에 관해 생각해 보자. 기독교는 '기도교'라는 별명으로 불릴 정도로 기도를 중요하게 생각한다. 그러나 기도라고 다 같은 기도가 아님을 알아야 한다. 그리스도인들이 하나님께 드리는 기도의 깊이가 서로 다를 수 있다는 뜻이다. 이것을 성전 방문으로 비유하자면 어떤 이들의 기도는 성전 바깥 뜰을 밟는 기도가 있고, 어떤 이들의 기도는 성소에 머무는 기도가 있으며, 어떤 이들의 기도는 지성소로 들어가는 기도가 있다.

동일한 내용을 화살로 비유하자면, 어떤 이들의 기도는 힘없이 쏘아져 공중으로 올라가다가 희미하게 사라지는 기도가 있고, 어떤 이들의 기도는 힘껏 쏘아져 하늘을 뚫고 올라가는 기도가 있고, 어떤 이들의 기도는 무시무시한 불화살처럼 엄청난 위력으로 하늘을 꿰뚫고 올라가는 기도가 있다.

물론 모든 사람이 늘 지성소의 기도를 드릴 수 있는 것은 아니다. 아니 사실을 말하자면 잠시 잠깐이라 할지라도 지성소의 기도를 드려 본 경험을 가진 그리스도인은 극소수뿐이라고 할 수 있다. 그러나 지성소의 기도는 신비주의를 조장하자는 것이 아니라, 기도 중에 하나님의 영에 온전히 사로잡혀 이 땅을 향한 하나님의 간절한 마음을 내 입술로 쏟아 내며 중보기도하는 것을 의미한다. 어린이전도협회의 창시자인 오버홀처 목사의 생애를 그린 『불굴의 전도자』 *The Indomitable Mr. O.* 라는 책에서 이와 같은 지성소의 기도의 실례를 접할 수 있다.

> 내가 기도를 하고 있을 때, 전에는 전혀 몰랐던 기도의 영이 내게 임하였다. 의식은 완전하였는데도 시간과 공간에 대한 감각을 잃었었던 것 같다. 여러 시간 동안 마루에 엎드려 있었고 마침내 성령께서 나에게 어린이 구원을 위해 기도하라고 강권하셨을 때 나는 울고 말았다. 크나큰 고통 속에서 한 나라 한 나라, 국명을 불러 가면서 그 나라의 어린이들을 위해 기도하게 되었다 어린이전도협회 출판부, 『불굴의 전도자』 p. 107.

기도의 귀감이 되는 한 분을 소개하고자 한다. 그분은 어린이전도협회 C국 대표로 섬기는 G 선교사님이시다 보안을 위해 알파벳 이니셜을 사용함. G 선교사님은 복음에 적대적인 불교와 사회주의의 나라 C국에서 오직 기도로 하나님과 동행하며 그분의 역사를 이루어가고 있다. 남편과 함께 그 나라에 선교사로 파송된 후 순교의 제물로 하나님이 남편을 받으신 후, 그 사역을 이어서 하고 계시는 중이다.

G 선교사님의 사역의 중심에는 하나님과의 친밀함에서 흘러 넘치는 기도가 있다. 그는 눈물의 기도를 통해 이십여 명의 헌신된 현지 사역자들을 길러 냈으며, 수도인 P시의 중심부에 8층 건물을 신축하여 이를 어린이전도협회의 본부 회관으로 사용할 뿐만 아니라 C국의 교계에서조차 주요한 교단 모임의 장소로 활용하고 있다. 이 건물을 신축하는 과정은 그야말로 하나님의 기적적인 기도 응답의 연속이었다.

경제가 낙후된 국가의 정부 관료들이 으레 그러하듯, C국의 건설 담당 정부 관료들 역시 뒷돈과 뇌물이 아니면 서류 한 장 도장을 찍어 주지 않기로 유명했다. 그런 곳에서 외국인이 8층짜리 건물을 세운다는 것은 그들의 눈에는 탐스럽기 그지없는 먹잇감이었다. 온갖 이유를 들어서 엄청난 뒷돈을 챙길 수 있는 절호의 기회인 것이었다. 당연히 예상한 결과였지만, 건물의 기초만 파 놓고 그 어떠한 공사도 진행할 수 없었다. 모든 서류를 완벽하게 갖추어 신청했지만 도무지 허가가 나오지 않는 것이었다. 물론 대놓고 뒷돈을 요구하지는 않는다. 그러나 뒷돈을 갖다 바치지 않으면, 아주 조그마한 꼬투리를 잡아 서류를 반려하거나 그것마저도 꼬투리 잡을 것이 없으면 그저 세월아 네월아 하면서 시간을 질질 끄는 것이었다. 그러면 제풀에 지친 건축주가 뒷돈을 들고 관공서를 찾게 마련이었다.

G 선교사는 하나님께 건축에 대한 비전을 받을 때부터 결심한 것이 있었다.

"어떠한 경우에도 이 건물은 뒷돈을 주지 않고 처음부터 끝까지 깨끗하게 건설할 것이다."

이러한 결심은 비현실적이다 못해 실현 불가능한 것처럼 보였다. 그러나 건축이 중단되어 여러 날 아무런 진전이 없는 가운데서도 G 선교사는 믿음의 소신을 굽히지 않았다. 그는 기도했다.

"하나님, 이 건물은 당신의 것입니다. 당신은 공의로우신 분입니다. 처음부터 끝까지 당신의 방법으로 완공시켜 주십시오."

터만 파 놓고 건축에 아무런 진전이 없던 어느 날 저녁 마침 G 선교사가 건축 현장에 있을 때 어떤 사람이 그 주변을 돌아보고 있었다. 잠시 후에 그는 G 선교사에게 다가와 물었다.

"혹시 건축주이신가요?"

"그렇습니다."

"보아 하니 외국인 같은데 맞습니까?"

"네, 한국 사람입니다."

"한국 사람이 이곳에서 무엇을 하려고 하시는지요?"

"저와 남편이 여러 해 전에 이곳에 왔는데, 남편은 이 땅에서 돌아가시고 제가 남편의 유업을 이어 받아 남편이 못다 한 일을 하고자 합니다."

"오, 그래요? 그게 무슨 일인지요?"

"이 나라 어린이들을 무상으로 교육하는 일입니다."

그 사람은 매우 감동한 듯 고개를 주억거렸다. 사실 보안상의 이유로 무상으로 교육하는 것이 복음이라는 말만 하지 않았을 뿐이지 나머지 다른 모든 것은 진실을 말한 셈이었다. 고개를 끄덕이던 그는 지갑에서 명함을 하나 꺼내어 G 선교사에게 건네주며 말했다.

"아마도 이 건물을 완공하기까지 많은 공무원들이 뭔가 트집을 잡을 것입니다. 그럴 경우 절대로 그들에게 말대꾸를 하거나 말싸움을 하지 마시고 그 사람의 이름만 확인해서 제게 연락을 주십시오."

알고 보니 그는 그 지역의 건축에 대한 전체적인 책임을 맡은 고위공무원이었다. 그 후 공사는 일사천리로 진행되었다. 건축 공무원이 현장에 와서 생트집을 잡으며 허가해 줄 수 없다고 으름장을 놓을 경우 조용히 그 사람의 이름을 전화로 그 고위공무원에게 알려 주기만 하면 그날로 당장 허가가 떨어지곤 했다. 그리하여 시내에서 가까운 곳에 그 큰 덩치의 8층 건물을 뒷돈 한 푼 들이지 않고 완공시켜 지금은 주님의 일에 멋지게 사용하고 있다.

물론 현지의 고위공무원이 건축 허가를 받는 일에 커다란 도움을 주기는 했으나, 그것은 건축의 지극히 작은 일부에 불과했다. 가장 큰 문제는 역시 건축비를 모금하는 것이었다. 은밀히 기도로 사역하는 홀로된 여자 선교사에게 8층 건물의 건축비를 모금한다는 것은 힘에 지나는 일이 아닐 수 없었다. G 선교사는 골조를 올리고 콘크리트 작업만 마친 건물의 옥상에서 270여 일을 연속으로 철야하며 기도했다. 사방이 뚫린 골조만 있는 8층 건물 꼭대기의 밤은 생각보다 으스스한 곳이다. 그런 곳에서 그는 비가 오나 바람이 부나 거적 하나 덮어쓰고 밤새 주님께 부르짖었다. 주님은 그 눈물의 기도를 외면하지 않으셔서 여러 교회와 개인의 마음을 움직여 주셨고, 마침내 2009년 6월에 본부 회관에 대한 헌당식을 거행할 수 있었다.

헌당식에 직접 참여하여 축사를 하기 위해 C국을 방문한 내가 헌당식에 앞서 건물을 전체적으로 둘러보니 그것은 기적 그 자체였다. 마치 건축 전문가가 지은 것처럼 바깥 디자인에서부터 인테리어까지 세련미가 넘쳐흘렀다. 너무나 궁금하여 내가 물어보았다.

"이 건물은 누가 디자인한 것인지요?"

"하나님이 하셨습니다."

"말씀 돌리지 마시고 누가 디자인한 것인지 알려 주세요. 너무 궁금합니다."

"하나님이 하셨다니까요."

놀랍게도 그 건물은 건축과는 전혀 상관없는 삶을 사신 G 선교사님이 직접 디자인하신 것이었다. 기도 중에 하나님이 감동을 주셔서 그것을 그대로 디자인으로 옮겼다는데 믿어지지 않는 이야기였지만 엄연한 사실이었다.

"라 대표님, 사실은 얼마 전 준공 검사를 받을 때 한바탕 해프닝이 있었습니다."

G 선교사님이 들려준 이야기는 다음과 같았다. 헌당식 날짜를 정하고 내외 귀빈을 초청했다. 현지 선교사들, 현지 교단의 중요한 지도자들, 기도와 후원으로 도와준 사람들, 건축과 관련하여 도와준 고마운 분들 및 한국어린이전도협회 지도자들과 국제본부의 지도자들 그리고 AP의 대표인 나까지 포함된 다양한 사람들이 초청되었다. 이제 헌당식을 바로 눈앞에 둔 어느 날 최종 준공 검사를 받게 되었다. 준공 검사를 위해 방문한 관련 공무원은 건물을 돌아보며 감탄에 감탄을 거듭했다. 1층에서 8층 옥상까지 꼼꼼히 살펴본 그가 말했다.

"정말 완벽한 건물입니다. 이런 건물은 제가 공무원 생활을 하면서 한 번도 보지 못한 것입니다. 그런데 딱 한 가지 문제가 있습니다. 7층이 대강당이라 천장이 다른 층에 비해 상당히 높은데 7층에서 8층으로 올라가는 계단의 단수가 다른 층과 같아서 계단 하나하나의 높이가 가파르게 되었습니다. 그래서 오르내리는 데 좀 위험하게 느껴집니다. 그 부분만 보강 공사를 하면 바로 준공 허락을 하겠습니다."

이 통보를 들은 G 선교사는 맥이 풀려 버렸다. 새롭게 계단 공사를 하려면 몇 백 만 원이 드는 비용도 비용이거니와 헌당식 전에 준공 검사를 받기란 불가능하게 되었기 때문이었다. 준공 검사를 완료하지 않은 건물을 하나님 앞에 헌당식으로 드리는 것은 상상할 수도 없는 일이었고, 그렇다고 이미 항공권을 구입한 여러 외국 손님들에게 헌당식 날짜가 변경되었다고 말할 수도 없는 진퇴양난의 상황이었던 것이다. 더군다나 그 공무원은 나름대로 본인이 판단하기에 정당한 이유를 들어 준공 검사를 합격시켜 줄 수 없다고 했으므로 고위공무원에게 그의 이름을 알려 주는 것도 안 될 일이었다.

사면초가에 몰린 G 선교사는 그날 밤을 새면서 주님 앞에 부르짖었다. 그렇게 밤새 기도하던 중 하나님은 한 가지 번뜩이는 생각을 주셨다. 쉬우면 쉽다고 할 수 있지만, 그렇다고 아무나 생각해 낼 수 있는 생각도 아니었다. 그것은 계단의 각 층마다 맨 앞에 반원형으로 세 줄씩 홈을 파는 것이었다. 다음 날 당장 사람을 불러 그 아이디어대로 홈을 파게 했다. 공사가 어렵지 않았으므로 반나절 만에 끝났다. 그런 다음 준공 검사를 담당한 공무원에게 다시 와 달라고 부탁을 했다. 그는 무슨 영문인지 몰라 하며 다시 찾아왔고 당연히 그 계단을 집중적으로 검사했다. 몇 차례 계단을 오르락내리락 하던 그가 감탄한 듯 말했다.

"당신은 디자인을 전공한 사람입니까?"

2009년 준공식 당시 C국 어린이전도협회 국가회관 건물

"아닌데요? 왜 그러시는지요?"

"이렇게 세 개의 홈을 파니 마찰력이 커져서 이제는 위험하게 느껴지지 않습니다. 참으로 대단한 아이디어입니다. 이제 합격입니다."

비록 준공 허락을 받았지만 늘 그러했듯이 그날 저녁도 하나님 앞에 기도하러 옥상에 올라간 G 선교사는 그만 폭발하고 말았다. 그동안 건축으로 인해 짓눌려 왔던 모든 부담감과 함께, 최근 며칠 사이의 계단으로 인한 노심초사가 겹치며 마침내 인내의 한계를 넘어선 것이었다. 그는 하나님께 대들었다.

"하나님, 끝까지 이렇게 사람을 힘들게 해야 직성이 풀리시나요? 정말 해도 해도 너무하십니다!"

그는 밤새 하나님께 고함치며 대들었다. 하나님은 밤이 새도록 아무 대꾸도 하지 않으셨다. 그러다 새벽 무렵, 하나님께 대들다 지쳐 쓰러진 선교사에게 하나님은 조용히 말씀하셨다.

"그 계단에 대해서 너는 나에게 묻지 않았다."

그 세미한 음성을 들은 G 선교사는 벼락을 맞은 것과 같은 충격을 받았다. 그랬다. 그는 건물의 모든 부분에 있어서 디자인을 물어보았지만 그 계단에 대해서는 물어보지 않았던 것이다. 만약 그가 물어보았더라면 하나님은 이런 일이 일어나지 않도록 사전에 해결책을 알려 주셨을 것이다. 이제 저녁마다 기도하러 그 계단을 밟고 옥상으로 올라가는 G 선교사는 계단을 오를 때마다 결심한다고 한다.

"그래, 아무리 작은 것이라도 주님께 여쭈어 봐야지. 여쭈어 보지 않아서 문제가 생기면 그건 전적으로 내 탓이야."

성경에는 다양한 형식의 기도가 소개되고 있지만 필승의 삶을 살기 원하는 그리스도인 청년들이 반드시 젊어서부터 습관화해 두어야 할 기도가 있다. 그것은 중보기도이다. 어떤 이들은 중보기도라 하면 나이 드신 권사님들이 달리 할 일이 없어서 교회나 집에서 하는 그런 형식의 기도라고 생각하는데 이는 크나큰 착각이다. 중보기도는 가장 강력한 형태의 영적 전쟁이며, 하나님 나라의 도래와 확장을 위해서 없어서는 안 될 최고의 무기이다. 중보기도의 습관을 청년 때부터 잘 들이지 않는다면, 장년과 노년의 때에 그것을 습관화하기란 무척 힘들다.

청년의 때에 중보기도의 습관을 들여야 하는 이유는 크게 세 가지이다.

첫째, 이 세상은 강력한 중보기도자들을 요청하고 있기 때문이다. 하나님의 나라를 위해 영적 전쟁의 일선에서 싸울 사람들이 필요한 것이다. 생각해 보라, 실제 전쟁에서 나이 많은 노병도 그의 전투 경험을 십분 발휘하여 큰 몫을 하겠지만, 사실상 전쟁의 주력 부대는 대부분 청년 군사들로 이루어져 있다. 노병들로만 구성된 부대는 결코 정상적인 부대가 될 수 없다. 중보기도자는 작게는 개인으로부터 크게는 한 나라와 민족을 어깨에 걸머지고 하나님의 보좌 앞으로 나아가는 영적 용사들이다.

둘째, 중보기도 자체가 영육 간에 강한 체력을 요구하기 때문이다. 흔히 중보기도자는 골방에서 세상과 단절하여 기도에만 몰두하는 사람이라고 생각하기 쉬운데, 그것은 오해다. 중보기도자야말로 그 시대 세계 곳곳에서 벌어지는 일들을 영적으로 해석하고, 사탄의 궤계를 꿰뚫는 영적 통찰력을 갖추고, 하나님의 관심과 마음이 집중된 장소나 사건을 정확히 감지하여 그에 맞는 적절한 기도를 올려 드릴 수 있는 영적 민감성을 소유해야 하는 사람이며, 주께서 주시는 감동이 있다면 영적 전쟁의 현장을 직접 방문하여 그곳에서 중보기도를 드려야 하는 사람이다. 또한 그는 모든 정보들을 취합하고 분석하는 정신적인 능력과 지칠 줄 모르고 무릎 꿇을 수 있는 육체적 능력도 지니고 있어야 한다. 따라서 몸과 마음이 영민한 청년이야말로 최고의 중보기도자가 될 수 있다.

셋째, 중보기도 자체에 커다란 상급이 따르기 때문이다. 하나님은 중보기도자를 위한 매우 풍성한 상급을 예비해 두셨다. 이 세상에서도 중보기도자는 하나님의 특별한 관심과 함께 형통의 복을 누리지만, 오는 세상에서의 상급은 그와 비교할 수 없을 정도로 풍성할 것이다. 이 놀라운 복을 청년이라고 해서 놓치고 살아야 할 하등의 이유가 없다.

중보기도자에게는 두 가지 강력한 영적 무기가 있는데 그것은 거룩과 사랑이다. 기도자는 자신이 위하여 중보기도 하는 대상의 죄악과 고통을 어깨에 짊어지고 하나님 앞으로 나아가는 존재이다. 따라서 그의 삶에서 거룩이 없다면 이 직임을 감당할 자격이 주어지지 않는다. 그러므로 그는 자신의 삶에서 죄를 없애기 위해 피 흘리기까지 싸워야 한다. 또한 중보기도자는 위하여 중보기도하는 대상에 대한 진정한 사랑이 충만해야 한다. 베드로전서 4장 8절은 "사랑은 허다한 죄를 덮느니라."라고 말씀하신다. 아무리 유창한 중보기도를 하나님께 올려 드린다 하더라도 중보기도자의 마음에 아가페 사랑이 부어져 있지 않으면 그의 기도는 허다한 죄를 덮는 능력 있는 중보기도가 될 수 없다.

성경의 주요한 인물들은 모두 강력한 중보기도자이기도 했다. "하나님의 벗"이라고까지 일컬음을 받은 아브라함은 소돔과 고모라를 위해 간절한 중보기도를 하나님께 올려 드렸다. 그는 소돔과 고모라를 멸망시키는 것이 하나님의 본심이 아니며, 심판을 내릴 수밖에 없는 당신을 막아 달라고 하나님이 자신에게 찾아오신 것을 알았기에 소돔과 고모라에 의인 10명이 있으면 그 성읍들을 멸망시키지 말아 달라고까지 담대하게 간구했고 또 하나님의 허락을 얻어낼 수 있었다.

모세와 바울 역시 범죄한 자신의 동족 이스라엘 백성을 위해 생명록에서 자신의 이름을 흐리는 한이 있어도 그들을 용서하고 구원해 달라고 하나님께 간청했다. 느헤미야 1장에는 유다와 예루살렘의 동족이 겪는 극심한 고난을 형제에게서 보고 받고 하늘의 하나님 앞에서 금식하며 기도하는 중보기도자 느헤미야가 소개되고 있고, 예레미야 1장에는 강력한 중보기도자로 하나님의 택하심을 받는 예레미야가 소개되고 있다. 예레미야 1장 9-10절에서 하나님은 그분의 손을 내밀어 예레미야의 입에 대시며 그에게 이르셨다.

> 내가 내 말을 네 입에 두었노라 보라 내가 오늘 너를 여러 나라와 여러 왕국 위에 세워 네가 그것들을 뽑고 파괴하며 파멸하고 넘어뜨리며 건설하고 심게 하였느니라 하시니라.

이는 예레미야의 중보기도를 통해 하나님이 역사하겠다는 선포이다. 이처럼 성경에 나오는 하나님의 사람들은 대부분 중보기도자들이었음을 알 수 있다. 그렇다면 오늘날의 우리 역시 중보기도자가 되어야 마땅하며, 특별히 주님이 다시 오실 날이 멀지 않음을 아는 우리는 더욱 그러해야 한다.

2014년 말, 미얀마를 방문한 나는 특별한 중보기도자 한 사람을 만날 수 있었다. 그의 이름은 코코^{Mr. Koko}였는데, 그는 미얀마에서 태어났으나 어린 시절 가족을 따라 미국 뉴욕으로 이주하여 그곳에서 모든 학업을 마치고 대학 졸업 후 뉴욕의 유엔본부에서 자신의 조국인 미얀마를 담당하는 고등사무관으로 복무하게 되었다. 신실한 그리스도인 청년이었던 그는 2005년 어느 날 이런 생각을 하게 되었다.

'나의 조국인 미얀마가 군사 독재 정권 하에 외부 세계로 문이 굳게 닫혀 있어서 기독교 전파에 걸림돌이 큰 것이 현실이다. 모든 집회는 신고를 해야 하고, 그것도 몇 명 이상 모이는 집회는 허가를 내주지 않으니 대규모 부흥집회 같은 것은 꿈도 꿀 수 없다. 이래서야 어떻게 기독교가 확산되겠는가? 지금 우리나라에서 가장 시급한 것이 바로 개방개혁 정책을 실시하는 것이다. 이를 위해 중보기도해야겠다.'

이렇게 마음을 굳힌 그는 가장 먼저 미얀마 내에 있는 교회의 교단 지도자들을 접촉해서 물어보았다.

"당신들은 우리 조국인 미얀마의 개방개혁을 위해 기도하고 있습니까?"

"아뇨. 거의 하지 않고 있습니다."

"아니 왜요? 그리스도인이라면 당연히 그것을 위해 기도해야 하는 것 아닙니까?"

"맞는 말씀이지만, 저희들은 이미 여러 해 군사 독재의 탄압에 시달리다보니 소망을 모두 잃어버렸습니다. 이 정권은 도무지 개방개혁을 실시할 것 같지 않습니다."

코코는 기도할 마음이 없는 조국의 교회 지도자들을 설득하여 중보기도의 자리로 나오게 한다는 것이 불가능한 일임을 깨달았다. 그래서 그는 미국 내 미얀마 교회들을 규합하여 중보기도 모임을 조직하기 시작했다. 미국 전역의 많은 미얀마 교회들이 그의 주장에 찬성하며 함께 중보기도에 동참하겠노라고 적극적인 의지를 표현해 왔다. 그래서 그들은 시간을 정해 매주 일정한 시간에 미얀마의 개방개혁을 위해 중보기도하기 시작했다.

그렇게 여러 해가 흘렀다. 그러나 상황은 점점 더 나빠져만 갔다. 미얀마 민주화 인사들은 극심한 탄압을 받아 해외로 뿔뿔이 흩어졌고, 그들의 구심점이라 할 수 있는 아웅산 수치 여사마저 가택연금 처분을 받아 집 밖으로 한 발자국도 나올 수 없는 상태가 이어졌다. 기도하던 많은 교회들이 낙담하여 중보기도의 대열에서 떨어져 나갔다. 그러나 코코와 그의 교회 중보기도자들은 기도의 끈을 놓지 않고 끈질기게 조국인 미얀마를 하나님께 올려 드렸다.

그러던 어느 날 기적과 같은 일이 일어났다. 놀랍게도 미얀마 군사 정권이 2010년 11월 13일, 아웅산 수치 여사의 가택 연금을 해제했고 해외 반체제 인사들의 자유로운 미얀마 입국을 보장했다. 이것은 전 세계에 엄청난 충격파를 던졌다. 국내외적으로 특별한 사유 없이 군사 독재정권이 이런 관용의 행보를 보이는 것은 지극히 이례적인 일이었기 때문이었다. 놀라움은 거기서 그치지 않았다. 2010년 말부터 미얀마 정권은 개방개혁 드라이브를 강력하게 추진하기 시작했다. 해외 투자자들이 미얀마로 몰려 오고, 거리는 자유의 물결로 넘실거렸다. 양곤의 봄이 찾아온 것이었다!

2013년, 미국 정부는 미얀마의 대통령과 정부 각료들을 47년 만에 처음으로 미국으로 초청했다. 그래서 미얀마 대통령과 각료들로 구성된 방문단이 뉴욕의 유엔본부를 방문하여 그곳에서 공식 기자회견을 하게 되었다. 당시 코코는 미얀마 담당 고등사무관이었으므로 통역 업무를 전담하게 되었다. 세계 각국의 정상과 기자단이 품고 있던 가장 큰 의문은, "도대체 무슨 이유로 미얀마가 이렇게 갑자기 개방개혁 정책을 실시하게 되었나?" 하는 것이었다. 성대한 기자회견장이 마련되고 데이비드 케머런 영국 총리와 힐러리 클린턴 상원의원을 비롯한 세계 여러 나라의 지도자들과 주요한 방송국의 리포터들이 질문 공세를 던지기 시작했다.

"갑자기 미얀마가 개방개혁 정책을 시작한 이유가 무엇입니까?"

당연한 첫 질문이었다. 그러나 미얀마 대통령인 테인 세인은 빙긋이 미소만 짓고 있었다.

"유엔의 결의문으로 인해 개방하게 된 것입니까?"

대통령은 여전히 미소만 짓고는 아무런 대답을 하지 않았다.

"그러면 EU나 미국의 경제 제제가 효과를 발휘한 것입니까?"

이번에도 대통령은 묵묵히 미소만 짓고 있었다.

애가 탄 어떤 질문자가 호소했다.

"이 자리는 유엔의 공식 기록이 남는 곳이므로 어떤 말씀이든지 해 주셔야 합니다."

그러자 테인 세인 대통령이 비로소 입을 열었다.

"아닙니다. 우리는 미국이나 EU 혹은 유엔의 제제로 아무런 타격을 받지 않았습니다. 우리에게는 미국 대신 중국이 있습니다. 비록 물건의 질은 다소 떨어지지만 필요한 것은 중국으로부터 얼마든지 들여올 수 있습니다. 그리고 우리에게는 EU 대신 아세안이 있습니다. 우리는 아세안에 가입해 있으므로 EU의 시장이 아쉽지 않았습니다. 그리고 UN은 결의안만 발표하지 액션은 취하지 못하는 종이호랑이여서 전혀 두렵지 않았습니다."

"그렇다면 개방개혁을 실시한 진짜 이유는 무엇입니까?"

이 질문에 잠시 뜸을 들이던 대통령은 조용한 목소리로 대답했다.

"유령 때문입니다."

"뭐라고요? 다시 말씀해 주시겠습니까?"

"유령 때문입니다. 우리나라의 군부 최고 실력자 몇 사람에게 몇 년 전부터 유령이 시도 때도 없이 나타나서 개방개혁을 실시하지 않으면 죽이겠다고 협박했습니다. 몇 년을 시달리던 그들은 어느 날 함께 모여 회의한 끝에 개방개혁 정책을 실시하기로 결의했습니다. 유령에게 시달려 죽는 것보다는 그것이 낫다는 판단을 한 것이지요."

미얀마 대통령의 해명을 들은 기자회견장은 놀라움과 황당함으로 인해 웅성웅성한 분위기가 연출되었다. 어떤 기자들은 코코를 향해 인상을 쓰며 질문을 던졌다.

"이거 제대로 통역한 것 맞나요?"

"네, 통역한 그대로가 맞습니다."

말문을 잃은 기자단은 더 이상 깊은 질문을 던지지 못했다. 유엔 공식 기록에 미얀마가 개혁개방 정책을 추진한 이유로 '유령'을 기록해야 할 처지였기 때문이었다.

한바탕의 해프닝 이후 등에 진땀을 흘리며 집에 돌아온 코코는 기도하는 중에 주님이 주시는 강한 감동을 느꼈다.

"너는 그 유령의 정체가 무엇이라고 생각하느냐?"

그 감동을 느끼는 순간 코코는 그것이 성령의 역사라는 강력한 확신을 가지게 되었다. 불신자인 미얀마 군부 실력자들에게는 당연히 그것이 유령의 역사로 느껴졌을 것이다. 그랬다. 하나님은 코코와 그의 중보기도자들의 기도에 응답하셔서 한 나라의 거대한 영적 흐름을 바꾸신 것이었다. 그것도 아무도 생각하지 못했고, 세계 각국의 기자들마저도 말문이 막히게 한 그런 기적적인 방법으로 말이다. 이 일이 있은지 얼마 지나지 않아 코코는 하나님의 보다 구체적인 소명을 따라, 유엔 고등사무관의 직업을 내려놓고 조국인 미얀마로 돌아왔고 현재는 미얀마 내의 기독교 방송과 관련된 다양한 프로젝트들을 추진하고 있다.

이처럼 중보기도에는 이 세상을 통치하시는 하나님의 손을 움직이는 강력한 능력이 있다. 사랑하는 그리스도인 청년들이여, 이 세상의 영적 흐름을 바꿔 놓는 중보기도자가 되라! 혼자서 중보기도하는 것도 좋지만, 그것보다는 중보기도 모임에 나가서 함께 연합하여 기도할 것을 권한다. 중보기도 모임은 자신이 속한 교회에서 하는 것이어도 좋고 선교단체가 주관하는 것이어도 좋다. 나는 어린이전도협회에 속해 있지만 시드니에서 매주 화요일 오전에 모이는 컴미션 COME Mission 주관의 중보기도회에 출석하고 있다. 중보기도에는 교단과 교파의 구분이 없는 법이다.

3장

역경 앞에서 믿음으로 반응하라

어떤 역경 상황은 마치 폭풍이 휘몰아치듯 우리로 하여금 하나님께 여쭈어 보기 위해 기도로 그분 앞에 나아갈 시간조차 허락하지 않는 경우가 있다. 그렇다 하더라도 그리스도인은 경황 중에 자신의 눈에 보이는 대로 반응하고 행동해서는 안 된다. 그럴 때일수록 더욱 침착해야 하며, 폭풍의 한가운데서 잠시라도 시간을 내어 어떻게 반응할지를 주님께 여쭈어 보고 그분의 응답을 구해야 한다. 그렇게 할 때, 비록 우리의 모든 판단과 반응이 부족할 수는 있지만 하나님은 우리의 믿음을 귀하게 보시고 살 길을 열어 주실 것이다.

사도행전의 마지막 장인 28장을 보면 로마로 가던 바울이 탄 배가 파선한 후 하나님의 약속대로 276명이 전원 구조되어 멜리데라 하는 섬에 상륙하는 장면이 나온다. 섬의 원주민들이 그들을 보고 불쌍히 여겨 모닥불을 피워 주었고, 어느 정도 시간이 지나자 서서히 불길이 줄어들었다. 그러자 바울은 자청하여 땔감을 마련하고자 낯선 섬의 숲으로 들어갔고, 그곳에서 땔감을 모아 왔다. 이어지는 사도행전 28장 3절을 보면, "바울이 나무 한 묶음을 거두어 불에 넣으니 뜨거움으로 말미암아 독사가 나와 그 손을 물고 있는지라."고 기록되어 있다. 이 얼마나 황당한 사건인가! 하나님의 일꾼이 추위에 떠는 사람들을 섬기고자 희생적인 일을 하는데 어찌 독사가 나타난단 말인가. 게다가 한술 더 떠서 독사가 그의 손을 물다니…. 이런 일은 있을 수도 없고, 있어서는 안 될 일이 아닌가?

　이 말에 "아멘!"으로 화답하는 분들은 다시 생각해 볼 것을 권한다. 하나님의 일꾼이 사명을 감당하는 삶의 현장에는 반드시 독사가 나타나야 하며, 반드시 그 독사가 그의 손을 물고 있어야 한다. 왜 그런가? 그 이유는 이 세상과 이 세상의 권세를 잡은 사탄이 하나님 나라의 확장에 대하여 적대적이며 수단 방법을 가리지 않고 그것을 방해하고자 애쓰기 때문이다. 그러므로 그 사람의 사명이 제대로 된 것이라면 사명 성취 과정 중에 반드시 독사가 나타나게 되어 있다. 전도를 해 본 분들은 알겠지만, 한 영혼이 복음에 반응하여 예수님을 영접하고 교회에 출석하려 할 때 갑자기 그의 신변이나 집안에 큰 사건이 생겨서 이를 방해하는 일들을 자주 경험했을 것이다. 이런 사건들이 바로 원수의 방해로 인한 '독사 출현' 사건인 셈이다.

　그러나 복된 소망이 여기 있으니, 독사가 나타나 우리의 손을 물고 있을 때 굳건한 믿음으로 바르게 반응하기만 하면 그 사건은 오히려 복음의 문을 활짝 여는 하나님 역사의 출발점으로 바뀐다는 사실이다. 실제로 바울이 독사에 물린 사건을 통해 바울 일행에게 연쇄적인 복음 전도의 문이 열리는 것을 우리가 볼 수 있다. 그들은 그 섬에서 가장 높은 사람 보블리오의 집으로 초청 받았고 독사 사건이 없었다면 과연 보블리오가 선장과 백부장을 제쳐 두고 바울 일행을 집

, 그의 부친의 열병과 이질을 안수하여 낫게 했으며, 그 사건으로 인하여 섬 가운데 다른 병든 사람들이 와서 고침을 받았고, 결국은 그들이 후한 예로 바울 일행을 대접하고 떠날 때에 그들이 쓸 것을 배에 실어 주는 하나님의 역사가 일어났다.

독사에 물렸을 때 바울의 반응을 보자. 5절에서 그는 그 짐승을 불에 떨어 버렸고 조금의 상함도 없었다. 물론 조금의 상함도 없는 것은 하나님의 몫이다. 그러나 불에 떨어 버리는 것은 믿음으로 반응하는 우리의 몫이다. 그렇다면 우리가 어떻게 역경 앞에서 믿음으로 반응할 수 있을 것인가? 바울의 행적에서 그 대답을 찾을 수 있다.

첫째, 그는 "믿는 자들에게는 이런 표적이 따르리니 곧 그들이 내 이름으로 귀신을 쫓아내며 새 방언을 말하며 뱀을 집어올리며 무슨 독을 마실지라도 해를 받지 아니하며 병든 사람에게 손을 얹은즉 나으리라 하시더라."라고 하신 마가복음 16장 17절의 주님의 약속의 말씀을 믿었던 것이다. 주께서 친히 약속하신 말씀을 믿음으로 받았기에 그는 두려워하지 않을 수 있었다. 우리 역시 역경이 닥치면 이 약속의 말씀을 굳게 붙들어야 할 것이다.

둘째, 바울 개인에게 주신 하나님의 약속이 별도로 있었다. 사도행전 27장 24절을 보면, "바울아 두려워하지 말라 네가 가이사 앞에 서야 하겠고 또 하나님께서 너와 함께 항해하는 자를 다 네게 주셨다 하였으니."라고 기록되어 있다. 하나님은 천사를 보내 바울의 장래 사역에 관해 확신의 말씀을 주신 것이다. 그래서 바울은 자신이 독사로 인해 쓰러져 죽지 않을 것이라는 굳건한 믿음이 있었던 것이다. 마가복음의 일반적인 약속만 해도 든든하기 그지없는데, 만약 개인적인 약속의 말씀까지 지니고 있다면, 역경은 우리 앞에서 전혀 힘을 쓰지 못한다.

잦은 항공 여행을 하는 나는 비행기 안에서 난기류로 인해 비행기가 많이 흔들리는 상황을 종종 접한다. 난기류가 심하면 어떤 승객들은 안색이 창백하게 변하고 식은땀을 흘리며 어쩔 줄 몰라 한다. 심지어는 난기류가 무서워 비행기 여행을 포기하는 사람들도 있다 한다. 아닌 게 아니라 심한 난기류로 식판이 비행기 천장에 부딪치는 것을 경험해 보면 그런 사람들의 심정이 이해가 갈 것이다. 그러나 나는 어떤 난기류에도 태연자약하다. 오히려 심한 난기류가 몰아치면 마치 롤러코스트를 탄 것 같은 스릴감을 느끼기도 한다. 이것은 내가 선천적으로 강심장이어서가 아니라 오히려 그 반대다. 나는 심장이 무척 약하다. , 나의 장래 사역에 대한 하나님의 구체적인 약속의 말씀이 있기 때문에 가능한 일이다. 믿음으로 역경을 이기려면 자신의 삶과 사역에 대한 하나님의 구체적인 약속의 말씀을 받고 그것을 굳게 붙들도록 하라!

사실, 사역 중에 내가 맞이하는 어려움은 비행기 여행의 어려움으로 인한 것이 많다. 그러나 나는 주님 한분만 의지하고 그 모든 힘든 상황을 지금까지 당당하게 이겨 낼 수 있었다. 그와 같은 간증을 하자면 한도 끝도 없겠지만, 가장 최근에 경험한 한 사건을 들려주고자 한다. 그 사건은 2015년 내가 매년 국제본부를 방문하는 5월에 일어났다.

국제어린이전도협회 전 세계 8개 지역대표가 미국 국제본부에서 모이는 지역대표회의는 5월 중에 열리는 데 나는 항상 한국을 경유하여 미국으로 들어간다. 그 이유는 시드니에서 미국으로 직항하는 항공 요금이나 한국을 경유하여 미국으로 들어가는 항공 요금이나 별 차이가 없기 때문이다. 그렇다면 나로서는 몸은 좀 더 피곤하지만 한국을 들를 수 있는 편이 훨씬 유익하므로 언제나 그 노선으로 다니고 있다. 그런데 2015년 5월에는 한국을 경유하여 미국 국제본부를 방문하기 전에 베트남 전국사역자대회에 주강사로 초청받아서 그 중간에 베트남을 다녀와야 하게 생겼다.

나는 한번 해외에 나갈 때 외유 기간은 가급적 한 달을 넘기지 않는다. 한 달이 넘어가면 나도 힘들어지고 남아 있는 가족들도 힘들어지기 때문이다. 그래서 이번에 베트남에서의 초청을 수락할 경우 5주간 해외에 머물러야 했으므로 초청을 수락할 것인지를 하나님께 기도로 여쭈어 보았고, 이번에는 특별히 초청을 수락하는 것이 좋겠다는 감동이 있어서 초청을 수락했다.

그런데 문제는 내가 시드니에서 인천공항에 도착하여 곧장 베트남으로 가는 항공편으로 환승할 시간이 70분밖에 없다는 데 있었다. 물론 그 다음 날 베트남으로 떠난다면 시간이 넉넉하겠지만, 그 경우 체크인 한 짐을 찾아 공항을 떠나 어디선가 하루를 묵어야 하는 부담이 있었기에 그냥 "눈 딱 감고" 당일 항공편을 구입했던 것이다. 사실 국제선 환승은 최소한 2시간의 여유가 있지 않으면 여행사에서 허락해 주지 않는데, 이번 베트남 왕복 항공권은 시드니 출발, 한국 경유의 미국 왕복 항공권과는 별도로 나 스스로 구입했기에 항공사가 인지하지 못하는 상황에서 이런 무리를 할 수 있었다.

그런데 토요일 아침 시드니공항에 나가서 내가 탑승할 한국행 항공편을 확인해 보니 "60분 연착"이라는 붉은 표시등이 켜져 있었다. 60분 연착이라면 인천공항에 도착하고 환승할 수 있는 시간이 10분밖에 남지 않게 되므로 상황은 절망적이었다. 도착 후 입국게이트에서 기차를 타고 입국장까지 가서 복잡한 환승 시설을 거친 후 탑승게이트로 가야 하므로 10분은 말도 되지 않는 짧은 시간이었지만 이상하게도 나는 마음이 편했다. 왜냐하면 하나님이 베트남에 가라 하셨으므로 그분이 책임지실 것이기 때문이었다.

전광판의 표시대로 내가 탄 비행기는 딱 60분 늦게 출발했다. 비행기 여행을 해 보신 분은 잘 알겠지만, 비행기는 다른 교통편과 달리 늦게 출발했다 해서 가는 도중에 속도를 높일 수는 없다. 정속이라는 것이 있어서 아무리 출발시간이 늦어졌어도 가는 도중에 위험을 무릅쓰고 속도를 높이는 일은 좀처럼 하지 않는다. 그러므로 늦게 출발하면 그만큼 늦게 도착하는 것이 대부분 정해진 수순이었다.

시드니에서 인천공항까지 10시간이 걸리는 비행기 여행을 하면서 나는 매우 태연자약한 마음으로 주님과 대화했다.

"주님, 이번에는 어떻게 하실 건가요?"

주님은 대답이 없으셨지만 나는 당연히 내가 인천공항에서 베트남으로 갈 비행 편을 주께서 1시간 연착시켜 주실 것이라 생각했다. 그것이 가장 깔끔하고 손쉬운 해결책이었으므로. 그러나 우리 주님은 늘 우리의 이성을 초월하는 분이시다. 그분은 내가 전혀 상상하지 못했던 방법으로 이 문제를 해결해 주셨다.

일반적으로 국제선 비행기는 시속 900km 정도로 운항한다. 하지만 비행기가 서쪽에서 동쪽으로 날아갈 때는 뒤쪽 바람을 받아서 시속 930km 정도가 보통이고, 동쪽에서 서쪽으로 날아갈 때는 맞바람을 받아서 시속 870km 정도가 보통이다. 시드니에서 한국으로의 비행은 동쪽에서 서쪽으로 비스듬하게 올라가는 여정이라 맞바람의 영향을 많이 받는다.

그런데 출발 후 식사를 하고 한창 비행하던 중에 나는 문득 궁금증이 일어나 모니터를 켜서 비행 상황을 알아보았다. 놀랍게도 뒤쪽 바람이 50km의 속도로 불고 있었고 비행기는 시속 940km로 날고 있었다. 그것은 내가 수없이 다녀본 시드니-서울/인천 노선에서는 도저히 나올 수 없는 바람의 방향과 속도였다. 결국 내가 탄 비행기는 10시간 30분이 걸리는 비행을 9시간 30분 만에 끝마치고 정시에 인천공항에 도착했다. 뜻밖의 뒤쪽 바람으로 인해 무려 1시간을 앞당긴 것이었다. 공항에서 서둘러 환승 절차를 마치고 숨이 턱에까지 닿도록 달려서 베트남행 항공편의 탑승게이트로 가 보니 출발 15분 전이었다. 마지막 승객으로 비행기에 탑승하면서 나는 주님께 깊이 감사드렸다.

"바람의 주관자이신 주님이 뒤에서 후~ 하고 불어 주시니 비행기가 겁나게 빨리 날아왔네요!"

일반적으로 우리 앞에 닥치는 역경에는 크게 세 종류가 있다. 질병이나 사고로 인한 개인 신상의 역경과 물질적인 궁핍으로 인한 재정 부분의 역경 그리고 하나님의 일을 감당하다가 맞이

하는 원수의 공격으로 인한 사역 부분의 역경이 그것이다. 물론 깨어진 인간관계로 인한 역경 등도 있지만 현실적으로 가장 크게 다가오는 역경은 앞서 말한 세 가지 영역이라고 할 수 있다. 이제 하나하나에 대한 나의 삶의 간증을 실례로 들려주도록 하겠다. 이를 통해 당신도 믿음의 눈을 떠서 현재 당하고 있는 역경이나 앞으로 다가올 역경을 믿음으로 거뜬히 극복하기 바란다.

2009년 말, 아내는 극심한 피로 증상을 호소했다. 집에서 아무런 일도 하지 않아도 오후 4시 경이 되면 침대로 가서 서너 시간을 누워 있거나 잠을 자지 않으면 안 될 정도로 몹시 피곤해했다. 게다가 눈물샘과 침샘이 말라서 안구건조증과 구강건조증이 심했다. 주변에 아는 의사 선생님이 전문의의 진찰을 받아 보라고 권하셔서 전문 병원에 가서 진단을 받았는데, 뜻밖에도 쇼그렌증후군이라는 희귀 질병 진단을 받게 되었다. 쇼그렌증후군은 류마티스 관절염 계통의 자가면역질환이라고 했다. 전문의는 약을 처방하면서 이런저런 주의를 주었다. 아내는 여러 달 성실히 약을 복용했으나 차도가 없었고 오히려 증상이 심해졌다. 이런 상태로 6개월이 지나자 전문의는 약의 용량을 늘여야 할지 고민이라고 말했다. 약이 워낙 독해서 가급적 용량을 늘이지 않기를 바라지만 상태가 점점 악화되므로 선택의 여지가 없다고 말하면서 최종 결정권을 우리에게 넘겼다.

그러던 중 해가 바뀐 2010년 5월 말이었다. 당시 나는 태평양의 팔라우라는 섬나라의 어린이전도협회를 개척하는 프로젝트의 일환으로 현지 사역자와 현지 이사들을 발굴하기 위한 선교여행 중이었다. 그곳에 머물던 중 아내의 안부가 궁금하여 시드니로 전화를 했다가 아내로부터 깜짝 놀랄 만한 선언을 들었다.

"어제 이곳 시드니의 한 교회에서 치유 집회를 했는데, 하나님께서 제 몸을 낫게 하신 것을 믿음으로 받았어요. 그래서 오늘 약을 모두 쓰레기통에 버렸고 이제는 약을 먹지 않으려 해요."

아내의 믿음의 선언을 들은 나는 솔직히 염려가 되었다. "과연 그렇게 '쉽게' 자가면역질환으로부터 해방될 수 있을까?"라는 생각이 자꾸 들었던 것이다.

팔라우에서의 사역을 마치고 나는 6월 초 시드니로 돌아왔다. 아내의 증상은 별로 차도가 없었으나, 아내는 믿음으로 치유를 선언한 대로 약을 일체 복용하지 않고 있었다. 우리는 함께 기도하면서 2달 정도가 지난 후 전문의를 찾아가서 혈액검사를 했다. 검사 결과를 검토하던 전문의는 만족스러운 듯 고개를 끄덕이며 말했다.

"약의 복용량을 늘였더니 차도가 생겼습니다. 혈액 속의 염증 지수나 류마티스 인자 지수 등이 모든 영역에서 현저한 개선을 보이고 있습니다."

우리는 차마 그 전문의에게 이미 2달 전에 약의 복용을 중단했다는 말을 꺼낼 수 없었다. 전문의는 3개월 후에 다시 와서 검사를 하자고 했다. 그런 다음 계속해서 약을 잘 복용하라는 당부의 말도 잊지 않았다.

병원에서 집에 돌아온 나는 이 상황에 관해 깊이 생각해 보았다. 눈에 보이는 증상의 현저한 개선은 없었지만 아내의 믿음의 선언대로 주께서 병을 치유해 주신 것이 분명해 보였다. 그렇다면 증상의 개선은 자연스럽게 뒤따라올 터였다. 주님의 은혜에 깊이 감사가 되었다. 그런데 나에게 떠오르는 또 다른 생각이 있었다.

'한번 치유는 영원한 치유일까?'

나는 성경이 이 주제에 관해 어떻게 말씀하시는지 살펴보기 시작했다. 우리가 흔히 주께서 병을 치유해 주시면 다시는 그 병이 재발하지 않아야 한다고 생각하기 쉽다. 그러나 성경의 원리는 그렇지 않았다. 복음서를 보면 예수님은 죄를 사해 주시면서, "가서 다시는 죄짓지 말라."고 당부하시는 경우가 많았다. 게다가 어떤 사건에서는, "더 심한 것이 생기지 않게 다시는 죄를 범하지 말라^{요 5:14}."라고 경고하시기도 했다. 이상을 종합해 볼 때, 주께서 치유해 주실 당시에는 분명히 깨끗하게 완치해 주시지만, 몸의 청지기인 우리가 그 병이 찾아오게 만든 생활방식을 치유 후에도 그대로 유지하면서 살아간다면 병이 재발되지 않는다는 보장이 없는 것이다.

여기까지 생각이 미치자 나는 우리 가족의 삶의 방식을 바꿔야겠다는 결론을 내렸다. 그래서 그때부터 하나님께 기도하기 시작했다.

"하나님, 저희가 어떤 영역에서 생활방식을 바꿔야 아내의 병이 재발하지 않겠습니까?"

하나님은 몇 가지 감동을 주셨는데, 그것은 운동을 꾸준히 하는 것과 식생활을 건강식으로 바꾸는 것 그리고 건강보조식품을 먹는 것 등이었다. 그래서 그때부터 운동을 더 열심히 하고 가급적 가정에서 신선한 유기농 채소 위주의 건강한 음식을 만들어 먹고자 힘썼다. 그리고 그 무렵 하나님은 이웃의 친지를 통해 우리 가정이 우수한 품질의 건강보조식품을 소개받게 해 주셨다. 그것은 미국에 본사를 둔 다국적 기업에서 생산하는 건강보조식품이었다.

건강보조식품을 소개받은 후 나는 깊은 고민에 빠졌다. 왜냐하면 대부분의 다국적 건강보조식품회사가 그러하듯 그 회사도 네트워크 마케팅을 사용하여 영업했기 때문이었다. 즉 영업 방식이 회원 가입을 통한 다단계 피라미드 방식이었던 것이다. 물론 호주와 같은 선진국에서는 합법적인 다단계 회사로 인한 피해 사례는 전무한 편이다. 그러나 한국인으로서 나는 염려가 되었다.

'목사이자 선교사인 내가 다단계 회사 제품을 사용해도 될까?'

나는 주님께 여쭈어 보고 분명한 답을 얻어야겠다고 결심했다. 나는 구체적으로 세 가지 중 어떤 것이 하나님의 뜻인지를 여쭈어 보았다. 하나는 아무리 좋은 제품이라도 다단계 회사이므로 아예 상관을 하지 않을 것인지, 다른 하나는 회원 가입을 하고 조용히 제품만 사서 먹을 것인지, 마지막 하나는 회원 가입을 하고 제품을 소비하면서 필요한 사람에게 소개도 해 줄 것인지. 이렇게 세 가지 중 어떤 것이 하나님이 허락하시는 것인지 보여 달라고 간구했다.

그런데 하나님은 뜻밖의 구절을 통해 답을 주셨다. 그것은 사무엘상 16장 7절의 말씀이었다. "…사람은 외모를 보거니와 나여호와는 중심을 보느니라." 처음 응답을 받을 때, 이 말씀은 나의 간구와는 별로 상관없는 말씀인 것처럼 느껴졌다. 그러나 곰곰이 묵상해 보니, 그것은 내가 원하는 대로 자유롭게 해도 된다는 하나님의 허락의 말씀이었다. 즉 사람들은 다단계 회사에 회원 가입을 해서 제품을 소비하고 또 소개까지 하는 나의 '외모'

를 볼 것이지만, 하나님은 그것을 통해 어떤 사리사욕을 추구하고자 하는 것이 아닌 나의 '중심'을 보시므로 허락하겠다는 말씀인 것이었다. 그래서 우리 가족은 아내의 이름으로 회원 가입을 하고 그 제품을 먹기 시작했다.

운동과 식이요법과 함께 건강보조식품 복용이 몇 달간 계속되자 아내의 건강은 현저히 좋아졌다. 피로감을 훨씬 덜 느끼고 가사 일을 하는 것을 별로 어려워하지 않았다. 심지어 1년에 두 차례 하는 40일 특별 새벽기도회를 전에는 매우 힘들어하며 완주를 했지만 이제는 팔팔하게 거뜬히 완주하기까지 했다. 그리고 3달 후 전문의를 다시 만났을 때, 그는 매우 만족해하며 말했다.

"혈액 검사 결과, 이제는 모든 영역에서 거의 완전히 정상이에요. 약이 정말 잘 듣는 것 같습니다."

이제 더 이상은 감출 수 없어서 우리는 이미 5개월 전에 약 복용을 중단했다는 사실을 실토했다. 전문의는 깜짝 놀라면서, 약을 먹지 않으면 큰일이 날 수도 있다고 계속 경고했다. 그러나 우리는 믿음으로 그의 말을 거절하고 그에게 작별 인사를 하고 병원 문을 나섰다.

이렇게 건강보조식품이 확실한 효과를 보기 시작하자 아내는 당시 건강 문제로 많은 고통을 받고 있던 장모님과 목사인 나의 형님께 그 제품을 권해서 드시게 했다. 그 두 분이 큰 효과를 보자 또 다른 분들에게 제품을 소개했고, 신기하게도 약 1년 사이에 매우 많은 사람들이 우리를 통해 회원 가입을 하고 그 제품을 드시게 되었다. 또한 드시는 분마다 상당한 효과를 보셔서 일종의 보람도 느끼게 되었다. 이렇게 신나게 1년 정도가 지났을 때, 이미 우리 가족이 먹는 건강보조식품 비용 정도는 매달 나오는 지경에 이르렀다. 많은 회원을 소개한 우리에게 자연스럽게 회사에서 수당을 지급하기 시작한 것이었다.

건강보조식품을 먹기 시작한지 1년이 막 지나갈 무렵이었다. 어느 날 갑자기 우리 부부에게 동시에 이런 마음이 들었다.

'주변의 아픈 사람들에게 이 제품을 소개하고 그들을 상담해 주며 위하여 기도해 주는 이런 사업을 몇 년만 더 하면 뜻밖에 상당한 수입을 얻을 수 있을 것 같다. 그런데 만약 하나님이 지금 이 일을 그만두라 하시면 우리 부부가 순종하여 내려놓을 수 있을까?'

신기하게도 부부가 동시에 같은 생각을 한 것이었다. 그것에 관해 잠시 의견을 나눠 보았는데, 참 쉽지 않겠다는 생각이 들었다. 가족이 먹는 건강보조식품 비용을 충당할 수 있다는 현실적인 이득은 둘째 문제이고, 그동안 이 일을 통해 알게 되었고 또 깊은 정이 든 사람들에게 작별을 고하는 것은 너무나 미안한 마음이 들었다.

그날 저녁 국제전화 한 통이 걸려 왔다. 우리 가정을 위해 깊이 기도해 주시는 선교사님으로부터 온 전화였다. 간단히 안부를 물으신 후 그분은 뭔가 주저주저하면서 나에게 말씀하셨다.

"라 목사님, 하나님이 라 목사님 가정에 하실 말씀이 있으신데 아주 어려운 말씀이에요. 받으실 수 있는지요?"

"뭔데 그러세요? 하나님이 말씀하시면 순종해야죠."

"하나님이 고린도전서 10장 23절의 '모든 것이 가하나 모든 것이 유익한 것은 아니요 모든 것이 가하나 모든 것이 덕을 세우는 것은 아니니'라는 말씀을 주시면서 지금 하시는 일을 주를 위해 그만둘 수 있냐고 물어보시네요."

나는 전율을 느꼈다. 부부가 오늘 의논한 바로 그 일을 하나님은 당신을 위해 그만둘 수 있느냐고 그날 저녁에 물으시는 것이었다. 나는 즉시, 조용히 대답했다.

"하나님이 그만두라 하시면 당연히 그만두어야죠."

우리는 미련 없이 그날부로 그 일을 그만두었다. 다만 제품 자체는 아내와 가족의 건강을 위해 계속 사 먹기로 했다. 그런데 놀라운 사실은 그때로부터 6년이 흐른 지금 현재까지 초기에 딱 1년간 활동한 것으로 인해 온 가족이 먹는 제품의 비용만큼의 수당이 계속해서 나오고 있다는 것이다. 사실 아무리 제품이 좋아도 선교사가 매달 비용을 지불하며 무한정 제품을 사 먹을 수는 없는 노릇인데, 좋으신 하늘 아버지는 정확한 타이밍에 그 일을 중단하게 하심으로써 우리 가족에게 매달 '무료로' 좋은 제품을 먹여 주시고 있다. 혹시 이 책을 읽는 독자도 질병이나 사고로 인한 개인 신상의 역경을 당하고 있다면, 믿음으로 아버지께 간구하면 반드시 살 길을 열어 주실 것이다.

이제 재정 부분의 역경에 믿음으로 반응한 간증을 하도록 하겠다. 다른 선교사들과 마찬가지로 나 역시 모든 재정은 개인 후원과 교회 후원을 통해 충당한다. 내가 속한 어린이전도협회의 재정 정책은 "하나님께 구하고 하나님의 백성에게 알리라!"라는 것으로, 어린이전도협회에 속한 모든 선교사는 각자가 알아서 후원을 모금하도록 하는 것이 공식적인 재정 정책이다. 이처럼 선교단체에서 월급을 받는 것도 아니고, 주 파송교회가 있어서 사례비 걱정을 하지 않아도 되는 것도 아니라서 재정은 언제나 나에게 큰 부담으로 다가왔다.

우리 가정은 2002년 홍콩으로 파송되었다가 2005년 호주 시드니로 옮겨왔다. 최종 거주지를 굳이 호주로 택한 데는 두 가지 중요한 이유가 있었다. 첫째는, 내가 섬기는 아시아태평양 지역에서 태평양의 섬나라가 15개국이나 되었기 때문이다. 아시아 지역에서 태평양의 섬나라를 방문하려면 3,000불 이상 드는 비싼 항공료뿐만 아니라 일주일에 항공편이 한 편밖에 없는 등 애로사항이 크다. 그러나 호주에서는 대부분의 태평양 지역 섬나라에 직항으로 혹은 1번 스톱오버를 하면 큰 비용을 들이지 않고 갈 수 있고 항공편도 자주 있다.

둘째는 우리 가정이 만약 영어권이 아닌 나라에서 거주한다면 두 자녀의 국제학교 비용이 엄청나기 때문이다. 나는 어떤 특정한 나라를 섬기는 선교사로 파송된 것이 아니었기에 언제 사역지가 옮겨질지 알 수 없었으므로 자녀를 현지 로컬 학교에 보낼 수는 없었다. 그러나 아시아 모든 국가에서 국제학교의 학비는 결코 녹록치 않다. 하지만 호주라면 자녀들을 공립학교에 보내면 교육비 걱정을 하지 않아도 되었다. 바로 이런 이유로 인해서 호주 행을 선택한 것이었다.

2005년 우리 가정이 홍콩에서 호주로 옮겨올 때, 홍콩에서 내가 3년간 교회학교 교역자로 섬겼던 홍콩의 동신교회가 미국 달러로 매달 500불의 헌금을 약속해 주었다. 이것은 나에게 결코 작은 금액이 아니었다. 한국보다 국민소득이 2.5배 높은 호주에 정착해서 살아가는 데 커다란 도움이 되는 큰 액수의 헌금이었다. 그런데 8개월간 500불의 헌금이 들어온 후 이듬해부터 헌금이 들어오지 않았다. 나중에 알고 보니 선교위원장이 바뀌면서 헌금이 중단되었다고 했다. 그렇게 2년 정도가 흘렀다. 그 사이 선교위원장이 물러나고 다른 분이 선교위원장을 맡게 되었다.

감사하게도 그분은 내가 처음 받던 500불의 헌금을 다시 회복시켜 주셨다. 그렇게 또다시 1년 정도가 흘렀다. 이번에도 해가 바뀌자 또다시 헌금이 중단되었다.

그 무렵은 비교적 재정에 여유가 있었던 호주 정착 초기와 달리 재정적으로 상당히 어려움을 겪고 있던 때라 갑작스러운 월 500불의 삭감은 매우 큰 충격으로 다가왔다. 나도 모르게 한숨이 나왔다. 그러나 곧바로 생각을 가다듬고, 기도하면서 홍콩의 교회를 축복했다.

"하나님, 그 교회가 1년간 성실하게 후원해 준 것으로 인해 참으로 감사를 드리며 그 교회를 축복합니다. 교회가 부흥하고 재정이 넉넉해져서 다시 후원 관계를 회복할 수 있게 되기를 소원합니다."

이렇게 기도한 후 나는 덧붙여서 다시 기도했다.

"그런데 하나님, 교회는 선교위원장이 바뀌거나 교회 정책이 바뀌면 후원이 중단되는 경우가 있네요. 이번에는 후원을 중단하지 않을 신실한 개인후원자 한 사람만 붙여 주세요."

이렇게 오전에 기도한 후 바로 그날 오후에 한국에서 걸려 온 전화 한 통을 받았다. 어떤 청년이 나를 찾더니 용건을 꺼냈다.

"제 아버지가 파주에서 자그마한 목회를 하고 계신데, 라원준 선교사님이 쓰신 『하나님의 비하인드 스토리』 예영커뮤니케이션를 읽고 감동이 되셔서 저에게 그 책을 권하시면서 '저자인 선교사를 후원할 수 있다면 후원을 좀 해라.' 하셔서 제가 전화를 드렸습니다. 그래서 이번에 일시불로 30만 원을 후원하고, 나중에 여유가 생기면 그때 다시 후원하도록 하겠습니다."

알고 보니 그 청년은 신림동에 거주하는 고시준비생이었다. 그의 아버지는 경기도 파주에서 작은 교회를 담임하는 목사님이신데, 그 목사님은 비가 오나 눈이 오나 반드시 전도지를 챙기고 몸에는 띠를 두르고 밖으로 나가 하루 10명 이상을 전도하는 신실한 전도자셨다. 더욱 놀라운 것은 전도의 결과 어떤 사람이 예수님을 영접하면 그 사람을 당신 교회의 교인으로 등록시키는 것이 아니라 그의 집 가까이에 있는 교회로 연결해 주신다는 것이었다. 그 형제의 아버지는 정말로 이 시대에 보기 드문 참된 전도자였던 것이다.

그 형제의 설명을 들은 후 전화를 끊은 나는 짠한 마음을 감출 수 없었다.

'고시준비생이라면 재정이 결코 넉넉지 않을 텐데. 게다가 아버지는 작은 교회 목사님이시라니 더욱 그러할 거야. 고시생은 현금이 곧 실탄인데, 그 피 같은 돈을 나에게 헌금하다니, 참으로 귀하구나.'

그런 생각과 함께 나는 하나님께 그 청년을 올려 드리며 기도

했다.

"하나님. 이 청년이 고시를 합격하는 것이 당신의 뜻이라면 합격하게 하시고 아니라면 물질의 복을 허락해 주세요."

몇 달이 지나 그 형제는 고시에 응시했고, 낙방의 고배를 마시고 말았다. 그러나 하나님의 뜻은 다른 데 있었다. 그 형제는 곧바로 교보생명에서 신설한 재정관리 특판팀에 취직했고, 그곳에서 승승장구하기 시작했다. 불과 몇 달 지나지 않아 그 형제는 나에게 매달 50만 원씩 헌금하기 시작했다. 그리고 몇 년 지나서부터는 매달 70만 원씩 헌금하기 시작했다. 홍콩의 교회에서 오던 미화 500불을 그 형제가 혼자서 감당하게 된 것이다. 현재 나에게 있어서 그 형제는 매달 가장 큰 액수를 후원하는 개인 후원자이다. 최근 내가 서울에서 그 형제를 만나 함께 식사하면서 넌지시 말했다.

"이OO 형제, 대부분의 선교 후원자들은 작은 금액의 후원을 하더라도 보통 한 선교사를 5년 이상 후원하기 쉽지 않은데, 형제는 10년이 다 되어 가도록 어쩌면 그렇게 신실하게 큰 액수의 후원을 계속할 수 있는지 모르겠네."

그가 정색을 하며 대답했다.

"라 선교사님, 저는 절대로 후원을 늘리면 늘렸지 줄이거나 끊지는 않을 것입니다. 저는 선교사님과 함께 끝까지 갈 것입니다. 제가 헌금을 중단할까 염려하지 마십시오."

홍콩에서의 큰 액수의 후원이 끊어진 어느 날, 나의 작은 신음에 하나님은 이처럼 놀랍게 응답해 주셨다.

뒤돌아보면 내가 선교사로 파송된 후 처음 5년간은 정말로 모든 면에서 최선을 다해 절약하며 살았던 것 같다. 꼭 필요한 것도 최대한 버틸 수 있는 만큼 버티면서 사지 않았고, 쓸데없는 데 돈이 지출되는 것을 견디지 못해 했다. 그러던 어느 날 문득 이런 생각이 들었다.

'하나님이 우리 가정을 선교사로 보내셨으니, 재정도 다 책임져 주지 않으실까? 그렇다면 과도하게 아끼고 돈에 대하여 안절부절못하는 것도 믿음이 부족해서 그런 것이 아닐까?'

이런 생각과 함께 나는 그해 과감한 실험을 해 보기로 했다. 재정에 대한 모든 염려를 주께 맡겨 버리고 필요한 곳이 있으면 필요한 만큼 편안하게 지출하고, 특히 구제나 선교에 더 많은 헌금을 드리기로 작정했다. 재정에 대하여 안달복달하든 편안한 마음으로 쓸 만큼 쓰든 하나님은 우리 가정에 꼭 필요한 만큼 공급해 주실 것이라는 믿음의 가설을 세운 것이다. 만약 이 가설이 맞는 것이라면, 돈을 절약하려는 나의 모든 처절한 인간적인 노력은 사실 하나님께 별로 감동으로 다가오지 않는 오히려 불신앙에 가까운 그 무엇일 터였다.

그해 연말 연간재정보고서를 작성하던 나는 정말로 깜짝 놀라고 말았다. 그렇게 돈을 써 댔는데도? 적자가 나지 않았던 것이다! 하나님은 과연 그해 우리 가정에 꼭 필요한 만큼 공급해 주셨다. 나는 이 실험을 통해 하나님 나라의 중요한 재정 원리 하나를 체득했다. 하나님의 자녀가 하나님의 일을 위해 살면서 믿음으로 재정을 지출하면 하나님이 반드시 채워 주신다는 지극히 평범한 진리를 깨달은 것이다. 그해 이후 나는 매년 재정에 관해서는 일체를 하나님께 맡기고 살고 있다. 그리고 하나님은 한 번도 연말에 적자 보고를 하는 것을 허락하지 않으셨다.

이제 마지막으로 사역 부분의 역경에 믿음으로 반응한 간증을 들려주고자 한다. 주께서 맡겨 주신 사역을 감당하는 도중에 일어나는 역경은 그야말로 종류가 부지기수일 것이다. 모든 상황에 맞는 도식화된 반응법이란 결코 존재하지 않는다. 매 상황마다 기도하며 주님이 주시는 정확한 감동으로 움직여야 한다.

역대상 14장 8-17절에는 오랜 고난의 세월을 견딘 다윗이 마침내 이스라엘의 왕이 된 직후에 맞이하는 첫 역경에 관한 기사가 나온다. 8절을 보면 "다윗이 기름 부음을 받아 온 이스라엘의 왕이 되었다 함을 블레셋 사람들이 듣고 모든 블레셋 사람들이 다윗을 찾으러 올라오매."라고 기록되어 있다. 다윗이 왕으로 등극하자 이스라엘의 이웃 국가이자 적대국인 블레셋은 다윗의 왕권이 안정되기 전에 이스라엘을 공격하는 것이 유리하다는 정치적 판단을 내렸던 것 같다. 그래서 그들은 르바임 골짜기로 쳐들어왔다. 이 상황에서 다윗이 가장 먼저 한 일은 어떻게 반응해야 할지를 기도로 하나님께 여쭈어 보는 것이었다. 10절에서 그는 하나님께 "내가 블레셋 사람들을 치러 올라가리이까 주께서 그들을 내 손에 넘기시겠나이까?"라고 여쭈어 보았고 하나님은, "올라가라 내가 그들을 네 손에 넘기리라."고 응답하셨다. 그래서 다윗과 그의 군대는 용기를 내어 블레셋 군대를 맞아 싸우러 나갔고 바알브라심에서 그들을 물리칠 수 있었다.

이로서 1차 전쟁은 끝났지만, 13절에 의하면 블레셋 사람들이 다시 골짜기를 침범했다. 2차 전쟁이 시작된 것이다. 이번에도 역시 다윗은 어떻게 반응해야 할지를 하나님께 여쭈어 보았다. 흥미롭게도 이번에는 하나님이 앞서 전쟁 때와는 전혀 다른 응답을 주신다. 14절에 따르면 하나님은 "마주 올라가지 말고 그들 뒤로 돌아 뽕나무 수풀 맞은편에서 그들을 기습하라."고 명령하신다. 앞서는 "올라가라." 하셨지만 이번에는 "마주 올라가지 말라." 하셨다. 그러면서 15절에는 더욱 구체적인 전략을 주신다. "뽕나무 꼭대기에서 걸음 걷는 소리가 들리거든 곧 나가서 싸우라 너보다 하나님이 앞서 나아가서 블레셋 사람들의 군대를 치리라." 16절은 다윗의 즉각적인 순종을 보여 준다.

주어진 역경의 상황에 대하여 어떻게 반응해야 할지를 기도로 하나님께 여쭈어 보았을 때 하나님이 어떤 감동을 주시면 믿음으로 즉시 순종해야 한다. 그러면 하나님은 그 상황에서 승리할 수 있게 해 주시는 것이다. 앞서 다윗의 사건에서도 볼 수 있듯이 매우 유사하게 보이는 두 가지 상황에서도 하나님의 응답은 전혀 다를 수 있음을 알아야 한다. 그 이유는 우리 앞에 놓인 역경의 상황이 아무리 비슷한 듯 보여도 그것은 내 인생에서 '유일무이한' 상황이기 때문이다. 모든 것을 아시는 하나님만이 그 상황에서 우리가 믿음으로 어떻게 반응해야 하는지를 정확하게 아신다.

물론 어떤 역경 상황은 마치 폭풍이 휘몰아치듯 우리로 하여금 하나님께 여쭈어 보기 위해 기도로 그분 앞에 나아갈 시간조차 허락하지 않는 경우가 있다. 그렇다 하더라도 그리스도인은 경황 중에 자신의 눈에 보이는 대로 반응하고 행동해서는 안 된다. 그럴 때일수록 더욱 침착해야 하며, 폭풍 한 가운데서 잠시라도 시간을 내어 어떻게 반응할지를 주님께 여쭈어 보고 그분의 응답을 구해야 한다. 그렇게 할 때, 비록 우리의 모든 판단과 반응이 부족할 수는 있지만 하나님은 우리의 믿음을 귀하게 보시고 살 길을 열어 주실 것이다.

2013년 봄에 나는 제주도에 2주간 머물게 되었다. 그 이유는 "제주 프로젝트"라는 야심찬 전략 때문이었다. 아시아태평양 지역 내에는 복음 전도가 자유롭지 않는 몇몇 국가들이 있는데 이럴 경우 현지의 국가 사역자들을 훈련시키는 것이 커다란 도전이 되었다. 짧은 며칠간의 훈련은 어떻게든 현지에서 가능하지만 어린이전도협회 전임 사역자가 되기 위한 3개월의 합숙 훈련인 CMI ^{어린이전도지도자학원: Children's Ministries Institute} 는 보안상 도저히 현지에서 실시할 수 없기 때문이었다.

이를 두고 해결책을 찾아 오래 기도하던 중, 하나님은 기발한 아이디어를 주셨다. 즉 CMI에 참석할 현지 사역자들 전원을 한국의 제주도로 초청하여 그곳에서 CMI를 실시한다는 아이디어였다. 그렇게 되면 현지 공안의 감시라는 두려움에서 벗어나 마음껏 학원을 운영할 수 있게 되는 것이었다. 이것이 가능한 이유는 제주도가 특수 관광지역이라 대부분의 외국인들에게 조건 없이 한 달 비자를 주기 때문이었다. 게다가 제주도에서 CMI를 실시하면 한국어린이전도협회 제주지회의 전폭적인 도움을 기대할 수도 있었다.

이 프로젝트를 위해서는 몇 가지 선행 조건이 필요했다. 첫째는 그래도 현지에서 초기 한 달 정도의 과정은 몇 번에 걸쳐 나누어서 완료하고 제주도로 와야 했다. 둘째는 모든 사역자의 항공료와 제주도에서 실시하는 학원의 경비를 모금해야 했다. 셋째는 남은 제주도 내에서의 두 달의 학원 기간 중 한 달이 지나면 사역자들의 비자가 만료되기 때문에 그들 전원이 어딘가 외국으로 출국을 했다 다시 돌아와야 했는데, 그에 따른 항공료를 모금해야 했다.

이런 선행 조건들로 인해 비록 힘이 들기는 했으나, 하나님의 은혜로 모든 자원이 공급되어 2011년 봄에 처음으로 C국 사역자들을 위한 1차 제주 프로젝트가 성공적으로 실시될 수 있었다. 그들은 1개월이 지난 후 자신들의 고국에 있는 S시를 잠깐 다녀오는 것으로 비자 문제를 해결했다. 제주도에서 비행기를 타고 S시에 도착해서 공항 밖으로 나온 후 공항 로비에서 밤을 보낸 다음 그 다음 날 새벽 비행기로 무사히 제주도로 돌아왔던 것이다.

2013년은 제2차 제주 프로젝트로, 이번에는 13명의 V국 사역자들을 대상으로 한 것이었다. 한국어린이전도협회에서 V국으로 파송된 최OO 선교사님 부부가 이 모든 일을 총괄하셨고, 나는 2주간 학원에서 강의를 감당하기 위해 중간에 합류하게 되었다. 내가 제주도에 도착했을 때는 1개월이 막 지난 시점이었다. 공항에서 나를 영접한 최 선교사님은 간단하게 현 상황을 브리핑해 주셨다.

"라 대표님, 어제 저희들은 어마 무시한 사건을 당했습니다."

"아니, 왜요? 출국에 무슨 문제라도 있었나요?"

사정을 들어 보니 참으로 기가 막힌 상황이었다. V국 사역자들은 지난 번 C국 사역자들의 경우와 마찬가지로 S시로 갔다가 곧바로 제주도로 귀환할 예정이었다. 항공권 발권을 담당했던 관련 여행사 직원은 그렇게 하는 데 아무런 문제가 없다고 몇 차례나 확언해 주었다. 그런데 정작 출국 당일 공항에 나갔더니 출국 수속을 담당한 항공사 직원이 전원 탑승을 거절했다고 했다. 이유인즉슨, V국 사역자들은 S시가 속한 C국의 국민이 아니므로 입국비자가 필요한데, 비자 없이 제주공항에 나타났기에 이대로 출발하면 C국의 공항 밖으로 나갈 수 없다는 설명이었다.

미처 대비를 하지 못하고 뒤통수를 크게 얻어맞은 최 선교사님은 당황한 어조로 항공사 직원에게 물어보았다고 한다.

"이들이 S시 공항 밖으로 나가지 않으면 안 될까요? 그냥 공항에 도착해서 그곳에서 밤을 새고 그 다음 날 비행기로 곧바로 돌아오면 되지 않을까요?"

항공사 직원이 답답하다는 듯 대꾸했다고 한다.

"그쪽에서야 그럴 수 있겠죠. 하지만 문제는 이들이 내일 새벽 제주도로 다시 돌아왔을 때입니다. 만약 그쪽 공항에서 여권에 입국 스탬프를 찍지 않고 돌아온다면, '기술적인 견지에서' 이들은 제주도 상공으로 점프한 후에 그 다음 날 새벽 다시 제주도 땅에 떨어진 것입니다. 그럴 경우 곧바로 비자법 위반으로 한국에서 추방될 것입니다."

참으로 난감하기 짝이 없는 일이었다. 2년 전 C국 사역자들의 경우에는 S시가 자국에 속해 있던 까닭에 아무런 문제가 없었던 동일한 루트가 V국 사역자들은 타국인 까닭에 비자 문제에 걸려서 이용 불가능하게 되어 버린 것이었다. 물론 이런 것들을 꼼꼼하게 기도로 여쭈어 보지 못한 잘못은 우리에게 있지만, 당장은 그런 것을 생각할 겨를조차 없었다.

최 선교사는 이 문제를 해결할 길을 백방으로 찾기 시작했다고 한다. 그날 당장 V국 사역자들이 제주도를 떠나지 않으면 한국의 비자법 위반으로 추방될 위기에 몰렸다. 그렇다고 이들을 무작정 아무 데나 보낼 수는 없었다. 반드시 그 다음 날 제주도로 돌아올 수 있어야 했기 때문이었다. 결론은 이들이 무비자로 입국했다가 다시 돌아올 수 있는 나라를 물색해야만 했던 것이다. 그런데 마침 적합한 곳이 있었으니, 바로 싱가포르였다. 싱가포르는 같은 아세안 연합에 속한 국가의 국민들에게는 무비자

입국을 허용하고 있었다.

최 선교사는 부랴부랴 사역자 전원을 위해 싱가포르행 왕복 항공권을 구입하고자 애를 썼다고 한다. 부부가 가진 신용카드를 꺼내 모두 한도액까지 그은 것이었다. 그런데 제주도에서 싱가포르로 가는 직항편이 없었기에 어쩔 수 없이 원래 목적지였던 C국의 S시를 경유하는 항공편을 선택했다고 한다. 다행히 이번 경우에는 S시는 단순한 국제선 환승이기 때문에 비자가 필요 없었다. 다만 문제는 13명이나 되는 사역자들이 바로 당일 떠나는 항공권을 구입하기가 여간 어려운 것이 아니었다는 데 있었다. 결국은 진땀을 빼면서 하나님의 은혜로 3명, 4명, 6명으로 구성된 세 팀으로 나누어 출발할 수 있었다. 원래는 최 선교사 부부가 두 팀을 인솔하려 했는데, 좌석이 모자라서 남편 선교사만 작은 인원의 팀을 인솔하게 되었고 아내 되시는 선교사는 결국은 마지막 표를 구하지 못해 어떤 팀도 인솔하지 못하게 되었다. 6명의 사역자들의 표만 간신히 구할 수 있었던 것이다. 나중에 밝혀지지만 이것은 천만 다행한 일이었다.

이렇게 하여 내가 제주도에 도착했을 때는 3명과 4명의 팀은 무사히 목적지를 다녀왔고, 이제 6명의 팀만 돌아오면 되는 상황이었다. 그들은 지금 쯤 거의 귀국하기 직전의 상황일 것이었다. 한시름 돌린 최 선교사님 부부와 V국 사역자들은 나를 식당으로 초청했다. 다 함께 맛있는 동태찌개를 주문한 후 우리는 이야기꽃을 피우기 시작했다. 그때였다. 나는 시끌벅적한 식당 어디선가 희미하게 들리는 전화벨 소리를 감지했다. 자세히 귀를 기울여 보니 그것은 최 선교사의 아내되시는 선교사님의 가방 안에서 울리고 있었다. 전화가 온 것 같다는 나의 지적에 선교사님은 핸드폰을 꺼내 전화를 받았다. 몇 초가 흐른 후에 그분은 다짜고짜 나에게 핸드폰을 내미셨다.

"영어로 뭐라고 하는 것 같은데 라 대표님이 받아 보세요."

그 전화를 건네받은 나는 그야말로 한 순간에 '동태'가 되었다.

그것은 뜻밖에도 C국의 공안에게서 온 전화였다.

"여기 V국 사람들 6명이 비자도 없이 S시에 도착하여 억류되어 있습니다. 이들을 오늘 밤 12시 이전에 다른 곳으로 출국시키지 않는다면 전원 비자법 위반으로 처벌되고 추방될 것입니다. 이들에게는 현재 돈이 한 푼도 없습니다. 이들 말로는 당신들이 친구라서 도움을 줄 수 있다 하던데, 오늘 밤 내로 이들을 출국시킬 수 있겠습니까?"

도대체 이 무슨 황당한 상황인가! 우리가 어떻게 '원격으로' S시에 억류되어 있는 V국 사역자들 6명을 서너 시간 이내에 다른 나라로 빼돌릴 수 있단 말인가?

어찌된 영문인지는 도무지 알 수 없었으나, 급한 불은 꺼야 했기에 나는 무조건 이렇게 대답했다.

"예, 저희들이 그들을 출국시킬 수 있습니다. 조금만 기다려 주십시오."

그러자 그 공안은 몇 시간 후에 다시 연락하겠다는 말과 함께 전화를 끊었다. 나의 급박한 반응에 동태찌개를 먹던 다른 모든 일행 역시 그 자리에서 동태로 얼어붙었다. 나는 일행에게 아무런 설명을 하지 못한 채 급히 식당을 박차고 나와 강의실로 달려 갔다. 사태가 심상치 않은 것을 눈치 챈 최 선교사 부부와 나머지 V국 사역자들도 나의 뒤를 따라 강의실로 몰려들었다. 나는 숨을 몰아쉬며 간략하게 상황을 설명해 주었다. 6명의 V국 사역자들이 S시에 억류되어 있으며 몇 시간 내로 이들을 출국시켜야 한다고 말해 주었다.

이 모든 것이 어떻게 된 영문인지는 나중에서야 6명의 V국 사역자들을 통해 알게 되었다. 전날 그들이 S시를 경유하여 싱가포르에 도착하자마자 싱가포르 공항 경찰이 그들을 기다리고 있었다고 한다. 그들은 우리 사역자들을 마약 사범으로 오해했다. 그도 그럴 만한 것이, 6명이나 되는 사람들이 별다른 짐도 없이 공항에 도착하여 싱가포르에 입국한 후 곧바로 다시 체크인을 하여 자기들이 타고 온 비행기로 다시 돌아간다는 것은 상식적으로 납득할 수 있는 상황이 아니었기 때문이었다.

그래서 싱가포르 공항 경찰은 그들 전원을 입국장에서 체포하여 샅샅이 짐을 뒤지고 취조하기 시작했다. 거의 밤새 취조를 했지만 특정한 혐의점을 찾을 수 없었고, V국 사역자들의 자초지종에 대한 설명을 들은 그들은 그 상황을 납득할 수 있었다. 그러나 문제는 V국 사역자들이 타고 돌아가야 할 비행기가 이미 출발해 버렸다는 데에 있었다. 그러자 싱가포르 공항 경찰은 문제 해결에 있어서 참으로 비윤리적인 방법을 선택했다. V국 사역자들이 가진 모든 돈을 압수하여 그 돈으로 C국 S시행 편도 항공권을 사서 그들을 그 비행기에 태워 보내 버린 것이었다. 싱가포르 공항 경찰로서는 골치 아픈 문제가 간단하게 해결된 것이지만 당사자인 V국 사역자들은 이로 인해 사면초가의 궁지로 내몰리게 되었던 것이다.

C국 비자도 없고 연결 항공편도 없는 V국 사역자들이 S시에 도착하자마자 이미 연락을 받았는지 C국 공안들이 입국게이트에서 그들을 전원 체포하여 취조실로 데려갔다. C국 공안들은 그들을 마치 범죄자처럼 취급했다 한다. 공안들은 커다란 경찰봉으로 그들을 위협하면서 온갖 공포 분위기를 조성했다. 가련한 V국 사역자들은 벌벌 떨면서 함께 모여 하나님께 간절히 기도했다.

"하나님, 저희가 여기서 고액의 벌금형을 받고 강제 추방되면 본국에 돌아가서 엄청난 일을 당하게 됩니다. 최 선교사님 부부마저 추방될 것입니다. 하나님, 제발 천사를 보내 주세요. 천사를 보내 주셔서 저희를 도와주세요."

바로 그때 나에게 전화를 건 그 공안이 그들 앞에 나타났다. 놀랍게도 그는 억류된 사역자들을 따뜻하게 위로해 주면서 자신이 도와줄 일이 있는지를 물었다. 공안이 이렇게 행동하는 것은 지극히 이례적인 일이다. 공산주의 사회에서 공안은 절대로 다른 사람을 돕고자 하지 않는다. 그들은 모든 것을 그저 법대로만 처리하려고 애쓴다. 그래야 자신의 신변이 안전하기 때문이다. 그런데 이 공안은 정말 '천사처럼' 우리 사역자들을 돕고자 하는 마음을 지닌 것이었다.

"이 번호로 국제전화를 해 주실 수 있는지요? 제주도에 저희의 친구들이 있어서 그들이 저희를 도울 수 있을 것입니다." 그렇게 하여 이 공안은 자기 돈으로 국제전화 카드를 사서 전화를 했고 나와 통화할 수 있게 되었던 것이다. 그가 영어를 유창하게 구사할 수 있다는 점도 놀라운 일이었다. 그것은 보통 C국의 공안에게서 기대할 수 있는 일이 아니었던 것이다.

이리하여 밤중의 강의실에서는 매우 급박한 "라이언 일병 구하기" 작전이 개시되었다. V국 사역자들은 매우 침착하게 대처

했다. 그들은 노트북을 켜서 여행사 웹사이트에 접속한 후 억류된 사역자들이 그날 밤 S시를 출발하여 어디선가 입국 스탬프를 받은 후 다시 제주도로 올 수 있는 항공편을 찾기 시작했다. 잠시 후 결론이 나왔다. 그날 밤 S시를 출발하는 단 한편의 항공편이 유일하게 그것이 가능하다는 것이었다! 그 항공편은 S시를 떠나 억류된 사역자들의 고국에 있는 H시로 가는 것이었다. 그 항공편에 탑승할 수 있다면 그 사역자들은 고국에 입국하여 여권에 스탬프를 받고 그 다음 날 새벽 곧바로 제주도로 돌아오는 동일 항공사의 항공편에 탑승할 수 있었다.

"오케이, 이 항공편으로 6명 모두 예약합시다."

이미 신용카드를 한도액까지 긁은 최 선교사 부부를 대신하여 나는 내가 가진 마스터카드를 꺼냈다. 다행히 그것은 한국에서 발급한 카드여서 호주에서는 전혀 사용하지 않았기에 한도액이 전액 남아 있었다. 그런데 뜻밖의 암초에 또 부딪쳤다.

"대표님, 예약이 안 돼요!"

알고 보니 대부분의 여행사 웹사이트는 당일 출발 항공편의 예약을 아예 받지 않는 것이었다. 우리는 참으로 애가 탔다. 도무지 탈출로가 보이지 않았다.

그때 최 선교사 사모님이 말씀하셨다.

"지금 우리가 예약하려는 동방항공은 우리 사역자들이 처음 제주도로 들어올 때 이용한 바로 그 항공사이니, 혹시 제주공항에 있는 동방항공의 사무실로 전화하면 도움을 받을 수 있지 않겠습니까?"

그러나 이미 그때는 주말 저녁 8시가 넘어가는 상황이었다. 사무실에 누군가가 있을 리가 없었다. 하지만 물에 빠진 사람이 지푸라기라도 잡는 심정으로 우리는 항공사 사무실로 전화를 걸었다. 놀랍게도 누군가가 전화를 받았다. 나중에 알고 보니, 그곳에서 근무하는 여직원이 마침 볼일이 있어서 사무실을 잠깐 들렀던 차였다고 한다.

간략한 설명을 들은 그 여직원이 말했다.

"제가 도와줄 수 있어요. 그런데 S시에서 해당 항공편이 출발할 시간이 매우 임박하네요. 빨리 그들의 여권 이름을 불러 주세요. 그리고 신용카드 내역을 말씀해 주시면 제가 여기서 발권해 드릴 수 있습니다."

나는 급히 그들의 여권 이름을 한 사람씩 불러 주기 시작했다. 그런데 나는 곧바로 어두운 골짜기로 굴러 떨어지는 것 같은 절망감을 느끼고 말았다. V국 사역자들의 이름이 길고 복잡하기 짝이 없었던 것이다. "응 앵 짜오 꼭 Eung Aang Zhao Gkok"과 같은 이름을 전화상으로 철자 하나 틀리지 않게 정확하게 전달한다는 것은 여간 힘든 일이 아니었다. 그렇다고 대충 철자를 말할 수도 없었다. 항공 보안이 엄격해진 오늘날은 이름의 철자 하나만 달라도 탑승이 거절되는 일이 왕왕 있기 때문이었다. 그러니 이름의 철자를 전화상으로 서로 복창해 가면서 정확하게 전달하는 데는 한 사람 당 5분 이상, 6명이면 30분 이상 족히 걸릴 일이었다. 항공편은 불과 5분 후에 탑승을 마감하고 출발하는데 이것은 도저히 넘지 못할 산처럼 느껴졌다.

바로 그때였다. 항공사 여직원이 뭔가가 생각났다는 듯 소리쳤다.

"혹시 이 사람들 한 달 전에 저희 항공사로 제주도에 입국한 13명 단체 여행객의 일부 아닌가요?"

"예, 맞습니다. 바로 그들입니다."

"그렇다면 그들의 명단이 우리 사무실에 아직 남아 있을 것입니다. 잠시만 기다리세요."

잠시 후에 그 여직원은 나에게 그때 그 명단을 찾았다고 말하면서 한 사람씩 이름을 불러 보라고 말했다. 이름만 불러 주면 곧바로 명단에서 확인이 되고 그 명단에 있는 대로 이름의 철자를 사용하여 발권하는 작업이 시작되었다.

4명쯤 발권을 마쳤을 무렵, 최 선교사 사모님의 핸드폰이 다시 울렸다. 내가 받아 보니 앞서 전화를 건 공안이 다급하게 소리치고 있었다.

"선생님, 이들을 지금 당장 출국시킬 수 있는지요? 제 동료들이 이들을 구치소로 데려가기 위해 지금 막 도착했습니다. 됩니까, 안 됩니까?"

나도 모르게 그 공안에게 고함쳤다.

"이미 예약이 끝났습니다. 그들을 탑승게이트로 데려 가십시오!"

우리는 그들이 탑승게이트로 이동하는 동안 나머지 두 사람의 이름이 입력되고 신용카드 결제가 승인되어 모든 사역자들의 발권이 완료되어 있기를 간절히 기도했다. 그리고 우리의 기도대로 그 짧은 순간에 발권이 완료되어 그들은 무사히 고국행 비행기에 몸을 실을 수 있었다.

역경은 여기에서 끝난 것이 아니었다. 가장 큰 하이라이트가 아직 남아 있었던 것이다. 그들이 H시에 도착하자, 어떻게 된 영문인지 자국의 공안이 그들을 기다리고 있었던 것이다! 아마도 공산주의 국가들은 공안끼리 연락망이 있는 듯했다. 공안은 우리 사역자들을 분산해서 취조실로 데려갔고 각자에게 강도 높은 심문을 퍼부어 댔다.

"제주도에 간 사람들이 어째서 C국에 비자도 없이 가서 나라망신을 시켰는지 이실직고하라!"

공안은 윽박지르며 사역자들을 몰아붙였다. 미리 말을 맞출

시간을 가지지도 못했던 우리 사역자들은 감사하게도 동일한 목소리로 침착하게 잘 대응했다.

"제주도가 너무 아름다워서 한 달간 밥을 해 먹어 가며 제주도 전역을 둘러보느라 시간이 많이 지체된 것입니다. 별다른 의도는 없었습니다." 한 달간 밥을 해 먹었다는 것도 사실이고, 수업이 없는 주말마다 제주도 곳곳을 둘러본 것도 사실이니 이는 거짓 없는 진술이었다.

"너희들이 기독교인인 것을 알고 있다. 거기서 뭘 했는지 말해라. 너희 배후에 있는 자가 누구냐?"

공안은 고도의 심리전까지 구사하며 넘겨짚는 질문을 연신 퍼부어 댔다. 몇 시간을 시달리다 못한 한 연약한 여자 사역자가 대담하게도 공안의 말을 맞받아쳤다.

"그래요, 저희들은 기독교인입니다. 제주도에서 우리나라를 위해 기도했습니다. 그게 잘못된 것인가요? 공안인 당신도 예수님을 믿어야 구원받을 수 있습니다."

뜨악해진 공안은 아무런 대꾸도 하지 않았다. 어쨌든 심증은 있지만 물증이 없다는 표현이 바로 그 상황이었다. 그것은 마침 최 선교사 부부 중 한 사람도 그 팀의 일행이 아니었기에 가능한 일이었다. 만약 처음에 의도했던 대로 최 선교사 사모가 그들을 인솔했더라면 그것이 강력한 물증으로 남아 사역자들은 처벌을 받고 최 선교사 부부는 추방을 면할 수 없었을 것이다. 이렇게 몇 시간을 위협하며 취조하던 공안은 결정적인 증거가 없자 엄중한 경고와 함께 그들을 풀어 주었다.

"한 번만 더 이런 일이 있을 경우는 모두 다 감옥에 갈 줄 아시오!"

한밤중에 풀려난 6명의 사역자들은 일단 각자의 집으로 돌아갔다. 우리는 사역자 중 한 사람이 고향집에서 우리에게 전화를 해 주어서 어떤 상황이 벌어졌는지를 비로소 알게 되었다. 그런데 문제는 풀려난 지 불과 몇 시간 후인 그날 새벽에 그들 전원이 다시 H시의 공항에 나타나서 제주행 비행기를 타고 또다시 한 달간 제주도로 가겠노라고 신고해야 한다는 데 있었다. 입장을 바꾸어 놓고 생각해 보니 내가 공안이라 하더라도 그들의 뻔뻔한 행보에 화가 머리끝까지 치밀 상황이었던 것이다.

제주도의 우리 일행은 밤새 하나님의 자비를 구하며 기도했다. H시 공항의 공안들의 눈을 가려 주어 우리 사역자들을 알아보지 못하게 해 달라는 터무니없는 간청까지 올려 드렸다. 뜬눈으로 밤을 새다시피 한 우리 일행은 H시로부터 오는 비행기가 도착하는 시간에 맞추어 제주공항으로 나갔다. 놀랍게도 6명의 사역자 전원이 함박웃음을 터뜨리며 입국장 게이트를 통과하여 나오고 있었다. 그들의 설명으로는 H시 공항의 공안들이 분명히 그들을 알아보았지만 어찌된 영문인지 미소까지 띠며 아무

말 없이 보내 주더라는 것이었다. 사자굴의 다니엘을 위해 천사를 보내 굶주린 사자의 입을 막은 하나님이 공안들의 입도 봉하신 것이라고 밖에는 설명이 되지 않았다.

제주공항에서의 재회는 눈물 없이는 볼 수 없는 것이었다. 마치 죽었던 형제자매가 살아 돌아온 것처럼 서로 부둥켜안고 눈물을 터뜨렸다. 최 선교사님 부부와 나 역시 그들과 한 덩어리가 되어 입국장은 눈물바다를 이루었다. 이 사건을 통해 놀라운 일들이 일어났다. 원래 13명의 사역자들은 출신 도시가 각기 달랐는데, 특히 북쪽과 남쪽의 사역자들이 우리나라의 남북한이 그러한 것처럼 물과 기름처럼 서로 섞이지 않았다. 첫 한 달 간 그들은 식사 시간에 같은 식탁에 앉지 않았고 함께 대화하는 일도 드물었다. 그러나 급박한 상황 가운데 어쩔 수 없이 함께 떠난 6명의 사역자들로 구성된 팀은 북쪽과 남쪽의 사역자들이 골고루 섞여 있었고, 그들을 기다리며 눈물로 기도하던 제주도에 남은 사역자들도 북쪽과 남쪽이 골고루 섞여 있었던 것이다. 이 역경의 시기를 믿음으로 함께 돌파한 북쪽과 남쪽의 사역자들은 이제 마치 친형제, 자매처럼 한마음 한뜻으로 연합되었다.

게다가 뜻밖의 역경 앞에서 마치 자식이 당한 일처럼 노심초사하며 그들을 구출하고자 애쓰는 최 선교사 부부를 지켜보면서 V국 사역자들은 그들이 단순히 자기 나라에 파송되어 온 외국 선교사가 아니라 마치 영적 부모님과 같은 분이라는 것을 절절히 깨닫게 되었다. 또한 그들은 나를 보는 눈마저 달라졌다. 자신의 나라가 속한 아시아태평양 지역의 대표라는 단순한 생각에서 위기에 처한 동역자들을 구하기 위해 기꺼이 자신의 신용카드를 한도액까지 지불하는 좋은 지도자로 보기 시작한 것이었다. 이렇게 하여 2차 제주 프로젝트는 역경을 통과하면서 더욱 놀라운 결실을 맺게 된 것이다.

참, 이 사건의 후기가 있다. 그로부터 한 달이 더 지난 후 이들은 제주지회와 한국 사역자들, 이사들의 따뜻한 환송을 받으며 제주공항을 떠나 고국으로 돌아갔다. 제주공항에서 체크인을 기다리는 그들을 보며 나는 헤어짐의 섭섭한 마음 가운데서도 염려가 되었다. 한국에서 많은 분들이 얼마나 풍성한 선물 보따리를 주셨는지 그들 모두는 심각할 정도로 많은 짐을 지니고 있었던 것이다. 얼핏 보아도 최소한 수십만 원에서 많게는 백만 원이 넘는 초과 수하물 비용을 물어야 할 판이었다. 그때 항공사 여직원 한 명이 우리 일행에게 다가와서 감탄의 목소리를 발했다.

"이분들이 바로 한 달 전에 그 난리를 겪은 일행이 아닌가요?"

알고 보니 그분은 한 달 전 저녁 늦게까지 항공사에 남아 있다가 우리를 도와주었던 바로 그 여직원이었다. 그분은 우리 일행에게 반갑다고 일일이 인사를 하더니, 체크인을 도와주면서 모든 짐을 한 푼의 초과 수하물 비용 없이 통과시켜 주셨다. 하나님이 하시는 일은 이렇게 마무리까지 깔끔한 법이다!

최근 나는 사역자 대회에서 사흘간 말씀을 전하기 위해 V국을 다녀왔다. 2년 만에 그들과 얼굴을 마주하게 된 나는 그때의 감회에 젖어 들었다. 이제는 어엿한 사역자로 성장하여 각자의 도시에서 활발하게 사역하고 있는 그들을 보며 다시금 역경을 믿음으로 극복하게 하신 하나님께 감사의 기도를 드렸다. 놀랍게도 제주도의 역경은 V국의 후배 사역자들 사이에서는 이미 전설이 되어 있었다. 후배 사역자들 역시 자신들도 다음번 제주도 프로젝트에 승선할 수 있게 되기를 학수고대하고 있었다. V국의 사역을 마무리한 후 돌아오는 길에 나는 V국의 미래가 밝음을 확신할 수 있었다.

4장

은사를 사모하되
성령의 열매를 맺고자 힘쓰라

가장 이상적이고 성경적인 은사 사용법이 있다면, 마치 기술자가 공구함을 가지고 다니다가 필요할 때마다 공구함을 열어서 필요한 공구를 사용하고 다시 제자리에 넣어 두는 것처럼 필요한 때에 필요한 은사를 사용하여 하나님께 쓰임을 받고 쓰임이 끝나면 그 은사를 '제자리에 도로 넣어 두는' 자세를 가지는 것이다. 자신은 오직 그 상황에서 하나님의 은혜로 도구로 사용되었을 뿐이라고 겸손히 고백하면서 말이다. 이렇게 하면 은사로 인해 교만해지는 것을 방지할 수 있다.

우리가 그리스도인으로서 성장하는 가운데 하나님은 우리의 간구를 따라 다양한 은사들을 허락해 주신다. 하나님이 주시는 은사는 이미 내 안에 주어진 것들을 개발하여 사용하는 달란트와는 다른 것이다. 달란트가 신자와 불신자를 막론한 각 사람에게 주신 하나님의 일반은총의 개념이라면 은사는 신자에게 주시는 하나님의 특별한 선물이다. 하나님의 자녀라면 마땅히 각양의 은사를 사모해야 한다고 성경은 가르치고 있다. 또한 필승의 삶을 살기 원하는 그리스도인이라면 반드시 다양한 은사를 올바르게 사용할 줄 알아야 한다.

그런데 사실은 은사를 받는 것보다 받은 다음이 훨씬 더 중요하다. 어떤 분들은 자신에게 다양한 은사가 주어지면 마치 자신이 신령한 사람이 된 것처럼 착각하기도 한다. 주변 사람들도 자신을 신령한 사람으로 대하기 때문에 그런 착각에 더욱 쉽게 빠져들 수 있다. 그러나 은사는 하나님의 일방적인 선물인 것을 꼭 기억해야 한다. 자녀나 친구가 선물을 사 달라고 조르면 어쩔 수 없이 선물을 사 주는 경우가 있는 것처럼, 하나님의 자녀가 은사를 달라고 자꾸 조르면 하나님이 은사를 허락하시는 경우가 있다. 특히 자신에게 이런 경향이 있어서 하나님께 떼를 쓰고 매달리는 방법으로 다양한 은사를 가지게 되었다면 아주 조심해야 한다. 명품 가방을 선물 받았다고 그 가방을 메고 있는 자신이 명품 인생이 되는 것은 아니라는 사실을 기억하라. 만약 선물 받은 명품 가방을 메고 인격 이하의 말과 행동을 한다면 명품 가방에 부끄러운 사람이 되고 만다. 또한 선물 받은 명품 가방을 방치하거나 혹은 잘못된 용도로 사용한다면 그 가방을 선물한 사람은 크게 실망하게 될 것이다.

은사도 이와 마찬가지다. 하나님께 많은 은사를 받았지만 함량 미달의 신앙적 인격에서 나오는 언행을 일삼는다면 은사에 부끄러운 사람이 되고 말 것이다. 또한 은사를 사용하여 사욕을 추구한다면 은사를 주신 하나님이 실망하실 것이다. 물론 하나님은 한번 주신 은사를 거두어 가시지는 않는다. 로마서 11장 29절은 "하나님의 은사와 부르심에는 후회하심이 없느니라."고 말씀하시기 때문이다. 그러나 자신의 사욕을 위해 은사를 사용하면 성령께서 근심하시게 되고, 그 상황이 계속되면 성령님이 조용히 떠나시고 그 자리에 마귀가 들어와서 오히려 은사를 가지고 장난칠 위험이 있다. 따라서 은사를 위해 간구는 하되 무리하게 은사를 달라고 조르지는 않는 편이 좋다. 선하신 하늘 아버지께서는 우리에게 가장 적합한 때에 가장 적합한 은사를 주실 것이다.

나의 경우 방언은 오랜 숙제였다. 대학 1학년 때, 예수님을 인격적으로 만난 후부터 막연히 방언의 은사를 사모했고 실제로 여러 번 꽤 심각하게 방언을 위해 간구했으나 응답이 없었다. 그러다가 세월이 흘러 목사 안수를 받게 되었고, 하나님은 나에게 방언의 은사는 허락하지 않으시는 것 같다는 나름대로의 결론을 내리고 신앙생활을 해 나갔다. 그러던 중 오류교회에서 제2 청년부 담당목사로 사역하던 때였다. 어느 주일 오후에 담임이신 김은호 목사님이 청년부 예배에 오셔서 설교와 함께 '사역'을 하겠다고 통보해 오셨다. 당시 사역이라 하면 개인적인 안수와 함께 방언기도를 해 주는 것이었다. 김 목사님의 메시지가 끝나고 사역이 시작되었다. 목사님은 청년 한 사람, 한 사람에게 안수해 주시면서 방언기도를 하셨다. 나 역시 부교역자가 된 입장에서 함께 사역에 동참할 수밖에 없었다. 하지만 나는 방언을 하지 못했기에 상당히 어색한 상황이 연출될 수밖에 없었다. 그때 내가 속으로 조용히 기도했다.

"아버지, 지금 방언이 필요한 상황이네요. 방언을 주세요."

그러자 그 즉시 유창한 방언이 내 입에서 흘러나왔다. 그래서 나는 담임 목사님을 도와 무사히 사역을 잘 마칠 수 있었다. 물론 그 이후로도 방언의 은사는 내게서 떠나지 않았다. 이처럼 하나님은 우리의 사정을 누구보다도 잘 아시는 선하신 하늘 아버지이신 것이다.

이처럼 은사란 사랑하는 자녀된 성도들에게 주시는 하나님 아버지의 '깜짝 선물'이라고 표현할 수 있다. 그 선물을 받았을 때, 심령에서 엄청난 기쁨이 넘치는 그런 것 말이다. 그런데 다시 강조하지만 중요한 것은 그 선물을 받았다는 사실 자체보다는, 그 선물을 받아서 어떻게 활용하느냐 하는 것이다. 하나님의 '깜짝 선물'과 관련한 나의 간증 한 토막을 들려주고자 한다.

2015년 가을 나는 C국을 방문 중이었다. 나를 영접한 현지 선교사인 드보라 선교사와 함께 C국의 지방으로 사역을 위해 떠났다. 그런데 내가 사역지로 이동하면서 몇 차례 핸드폰 가게를 기웃거리는 것을 보고 드보라 선교사는 속으로 이렇게 생각했다. '라 선교사님이 핸드폰이 필요하신 모양이구나. 내가 하나 사 드렸으면 좋겠다.' 하지만 미혼인데다 20명이 넘는 현지 사역자들을 키우고 계신 드보라 선교사에게 여유 돈이 있을 리가 없었다.

사실 나는 평생 좋은 핸드폰을 탐한 적이 없었다. 스마트폰이 시장에 출시되었어도 3년이 넘도록 흑백 노키아 폰을 불만 없이 잘 사용하고 있었다. 핸드폰이란 기본적으로 전화를 걸고 받기만 하면 되는 것이라는 보수적인 생각을 가지고 있었던 것이다. 그런데 세월이 흐르니 주변 사람들이 난리였다. 알고 보니 그들이 내게 문자를 보내면 내 핸드폰에 모두 암호처럼 문자가 깨어져 들어와서 답을 해 주지 못하니 그들이 답답하여 견딜 수 없어 했던 것이다. 주변 사람들이 시험에 드니 어쩔 수 없이 가장 저렴한 2년 약정 폰을 사서 2년간 쓰다가 그 다음 약정 폰으로 옮겨 가곤 했다. 그러다 보니 내가 사용하던 핸드폰은 늘 아주 구닥다리였다.

　그러던 어느 날, 사역 차 공항에서 대기하던 중 시간이 남아 우연히 삼성전자 전시관을 들르게 되었는데, 그때 본 핸드폰 하나가 내 마음에 날아와 꽂히고 말았다! 디자인이 너무 마음에 쏙 들어서 나도 모르게 그 핸드폰을 손에 쥐고 이렇게 조용히 말했던 것이다. '아버지, 이 핸드폰 정말 맘에 드네요. 그런데 너무 비싸네요. 나는 언제쯤 이런 핸드폰을 가질 수 있을까요?' 이렇게 아쉬움에 찬 독백과 함께 나는 핸드폰을 제자리에 놓고는 조용히 그 전시관에서 나왔다. 나는 이런 경우 "견물상심"이라는 사자성어를 만들어 사용한다. 보지 않았다면 마음이 상할 일도 없었을 텐데 괜히 보고 나니 마음이 상하는 그런 상황말이다. 그 후 두 주 정도 지난 후에 나는 C국을 방문하게 되었던 것이다.

C국에서 사역을 하면서도 두 주 전의 기억이 남아서 그런지 나는 혹 중국에서는 그 핸드폰의 가격이 싸지 않을까 싶어서 핸드폰 가게가 있으면 들어가서 그 핸드폰을 찾아보았지만, 그 핸드폰 정품은 중국에서도 결코 싸지 않음을 확인할 따름이었다. 그런데 그 모습을 본 드보라 선교사가 나에게 핸드폰 하나를 선물하고 싶은 마음의 소원을 품었던 것이다.

드보라 선교사가 마음의 소원을 품었던 바로 그날 저녁이었다. 드보라 선교사는 전화 한 통을 받았다. 뜻밖에도 드보라 선교사가 현지에 선교사로 파송되어 온 초창기에 2-3년 정도 함께 사역을 한 현지인이 18년 만에 전화를 해 온 것이었다. 드보라 선교사의 설명에 따르면 그분은 2-3년 정도 사역을 같이 하다가 어디서 무슨 소리를 들었는지, "어린이전도협회는 이단성이 있는 단체다."라는 말을 하면서 관계를 끊었던 분이라고 한다.

그 현지인은 드보라 선교사에게 이렇게 말했다. "선교사님, 정말 죄송합니다. 제가 그 옛날 어린이전도협회에 대하여 이단성이 있다는 비판을 한 것을 요즘 들어 성령님이 계속해서 책망하시면서 사과하라 하십니다. 다른 선교사들은 우리나라에 와서 2-3년이면 떠나는데 드보라 선교사님은 20년 이상 이 나라 어린이들을 위해 헌신하시는 모습을 보니 제가 참으로 부끄러운 짓을 했다는 자책이 듭니다. 저의 사과를 받아 주시기 바랍니다. 그리고 제가 그 당시 여러 자료들을 주문해서 사용하다가 대금을 갚지도 않고 관계를 끊었는데, 약간의 돈을 선교사님 구좌로 보냈으니 선교사님이 마음에 기뻐하시는 대로 사용해 주시면 제 마음이 편할 것 같습니다. 다시 한 번 죄송하다는 말씀을 드립니다.”

놀랍게도 그 전화는 거의 20년 전에 관계가 끊어졌던 현지인이 사과를 하러 걸어온 전화였던 것이다. 그리고 드보라 선교사님이 통장을 확인해 보니 우리 돈으로 무려 600만 원에 달하는 거금이 들어와 있었던 것이다! 전화가 걸려 온 바로 다음 날, 드보라 선교사님은 영문을 모르는 나를 거의 강제로 어디론가 데려가시더니 내 마음에 그렇게 날아와 꽂힌 최신 핸드폰을 장만해 주셨다. 그것이 바로 지금 내가 사용하고 있는 '삼성 갤럭시 S6 엣지 플러스' 폰이다!

재미있는 것은, 핸드폰을 선물로 받은 바로 다음 날 북경의 홍차오 시장을 방문했을 때였다. 그곳은 온갖 제품의 짝퉁이 버젓이 거래되는 거대한 마켓이었는데, 최신 아이폰 6 플러스마저 짝퉁이 판을 치고 있었다. 나는 호기심이 일어나서 점원 한 사람에게 슬며시 물어보았다. “혹시 갤럭시 S6 엣지 플러스 짝퉁이 있나요?" 그러자 점원은 머리를 긁으며 이렇게 대답했다. "죄송합니다. 엣지 기술을 도저히 구현할 수 없어서 그 제품만은 짝퉁을 만들 수 없습니다." 그 대답을 들은 나는 바지 주머니에 있는 나의 핸드폰을 만지면서 왠지 모를 흐뭇한 웃음이 자꾸 올라왔다. 지금도 나는 그 핸드폰을 정말 유용하게 잘 사용하고 있다.

하나님이 나에게 주신 깜짝 선물은 모든 사람들을 기쁘게 했고 그들에게 유익을 가져다주었다. 선물을 주신 하나님은 사랑하는 아들이 마음에 품고 있던 소원을 이루어 줄 수 있어서 흐뭇해 하셨을 것이고, 드보라 선교사님은 사랑하는 동역자에게 좋은 선물을 안겨준 데다가 가외의 사역비를 확보할 수 있어서 너무 기뻐하셨고, 현지인은 오래된 잘못을 깨끗이 회개할 수 있어서 영적으로 매우 유익했으며, 선물을 받은 당사자인 나는 사역을 위한 매우 유용한 도구를 얻게 되었다.

가장 이상적이고 성경적인 은사 사용법이 있다면, 마치 기술자가 공구함을 가지고 다니다가 필요할 때마다 공구함을 열어서 필요한 공구를 사용하고 다시 제자리에 넣어 두는 것처럼 필요한 때에 필요한 은사를 사용하여 하나님께 쓰임을 받고 쓰임이 끝나면 그 은사를 '제자리에 도로 넣어 두는' 자세를 가지는 것이다. 자신은 오직 그 상황에서 하나님의 은혜로 도구로 사용되었을 뿐이라고 겸손히 고백하면서 말이다. 이렇게 하면 은사로 인해 교만해지는 것을 방지할 수 있다.

은사를 사모하는 동기 역시 매우 중요하다. 오직 하나님 나라의 확장을 꿈꾸기 때문이어야 한다. 자신의 은사를 사용하여 하나님 나라의 확장에 기여하고자 하는 거룩한 열망 때문에 은사를 구해야 한다. 그렇지 않다면 장래 일을 정확하게 예언할 수 있어도 그것이 무슨 소용이 있겠는가? 특히 다른 사람에게 '예언기도'를 해 주면서 금품을 요구한다면 점쟁이와 다를 바가 무엇이겠는가? 은사를 사용하여 자신의 이익을 추구하려는 자세는 섶을 지고 불속으로 뛰어 드는 행위와 같다. 물론 은사를 받은 자가 처음부터 대놓고 자신의 사욕을 채우기 위해 사람들에게서 금전적 대가를 요구하는 일은 드물 것이다. 그러나 애초에 이런 부분에서 확고한 기준과 선을 그어 두지 않을 경우, 은사 활용을 통해 "은혜를 받은" 사람들이 자신의 손에 쥐어 주는 물질에 조금씩 마음을 뺏기다 보면 자기도 모르는 사이에 발람 선지자처럼 하나님의 은혜에서 너무 멀리 떠내려가 버릴 위험이 있음을 반드시 명심해야 한다.

노파심에서 다시 덧붙이자면 은사와 성령의 열매는 전혀 별개의 것임을 알아야 한다. 은사는 하나님이 일방적으로 우리에게 주시는 선물이지만 성령의 열매는 나의 속사람이 성령님의 지도 하에 예수 그리스도의 성품으로 닮아 가면서 맺게 되는 인격의 열매이다. 그러므로 은사를 사모하는 것 이상으로 성령의 열매를 맺게 되기를 간구하며 노력해야 한다. 은사는 풍성한데 성령의 열매는 빈약하다면 결코 정상적인 그리스도인의 모습이 아니다. 반대로 성령의 열매가 풍성하다면 하나님은 그 사람에게 필요를 따라 각양의 은사를 부어 주실 것이다.

은사를 불로 비유하면 성령의 열매를 맺는 그리스도인의 인격은 그 불을 담는 그릇이라 할 수 있다. 불은 따뜻함을 주는 좋은 것이지만 만약 불을 그릇에 담아 신중하게 사용하지 않고 기분 내키는 대로 함부로 사용한다면 그 불은 도리어 주인에게 화상을 입히거나 주위 사람들에게 고통과 재난을 안겨 줄 수 있다. 그러므로 불은 언제나 안전한 그릇에 담겨 있어야 한다. 마찬가지 원리로 그리스도인의 성숙한 인격이라는 그릇에 담겨 있지 않은 은사는 오히려 그 은사를 받은 사람을 상하게 하거나 주위 사람들에게 상처를 입힐 수 있음을 알아야 한다.

내가 아는 한 선교사님이 최근 내게 들려주신 이야기이다. 그 선교사님은 여러 해 몸이 좋지 않으셨다. 간에 바이러스가 침투하여 계속해서 약을 드셔야 했고, 늘 건강 문제로 사역에도 적지 않은 지장이 있었다. 그 선교사님이 주관하는 강습회에 나오는 한 교사가 이를 안타깝게 여겨 계속해서 자기 교회의 '신령한' 사모님께 가서 기도를 받아 보라고 강청했다고 한다. 사모님께 기도를 받으면 혹 나을 수도 있다고 말하면서 워낙 강청했기에, 그 선교사님은 한번 가서 기도를 받아 보기로 하셨다. 선교사님을 만난 자리에서 '신령한' 사모님은 걸걸한 목소리로 대뜸 이런 말을 하셨다.

"죽을 귀신 들린 것은 아니구먼!"

이 무슨 무례한 말인가? 그 사모님이 얼마나 신령한지는 잘 모르겠으나, 성령의 열매를 맺는 인격이 부족한 것은 분명해 보인다.

은사는 덕을 세우는 것이어야 함은 은사 활용의 철칙이라 할 수 있다. 모든 은사는 사랑이라는 필터로 걸러서 나아가야 한다. 그렇지 않으면 덕을 세우기는커녕 사람을 찢고 상처 입히기 십상이다. 병 고치는 은사이건, 예언의 은사이건 모든 은사는 상대방에 대한 지극한 긍휼과 사랑의 마음으로 어떻게든 그리스도 안에서 그를 세워 주고자 하는 목적으로 사용되어야 한다. 그렇게 할 때 하나님의 영광이 드러나고, 소망이 북돋워지고, 격려 받고, 권면 받고, 치유와 회복이 일어날 것이다.

3부

필승의 완성

영적 성숙

1장

주의 얼굴을 구하라

지금 당신이 매일 온 마음을 다해 주의 얼굴을 구하고 있지 않다면 당신은 매우 위태로운 상황에 처해 있음을 깨달아야 한다. 나는 지금 당신의 교회 생활이 어떠한가를 말하는 것이 아니다. 당신은 교회에서 모든 성도에게 칭송 받는 교인일 수도 있다. 그러나 진정으로 주의 얼굴을 구하지 않는다면 당신의 모범적인 교회 생활은 사람들의 눈을 속이는 가면에 지나지 않으며, 만홀히 여김을 받지 않으시는 주님은 결코 속임을 당하지 않으신다. 목자 되신 그분은 당신의 양을 정확히 아신다.

예수께서 이 땅에 계실 때 그분을 따르던 무리들을 가만히 살펴보면 크게 두 부류로 나눌 수 있다. 한 부류는 주의 손을 구하는 다수의 무리였고, 다른 한 부류는 주의 얼굴을 구하는 소수의 무리였다. 주의 손을 구하는 무리는 기적을 베푸시는 주님의 손, 치유를 베푸시는 주님의 손, 떡을 떼어 주시는 주님의 손에 환호하며 예수님을 따랐던 사람들이다. 그들은 예수님을 자신들의 왕으로 삼고자 했다. 예수님이 예루살렘에 입성하실 때 그들은 종려나무 가지를 꺾어 흔들고 자신들의 겉옷을 벗어 예수님이 오시는 길에 깔면서 호산나를 외치며 그분을 환영했다. 그러나 정작 예수님이 십자가에 못 박히자 그들 모두는 뿔뿔이 흩어져 버렸다. 주님의 손을 구하는 무리는 결국은 주님을 떠나고 만다는 두려운 사실을 그들이 우리에게 상기시켜 주고 있다.

불행하게도 이런 현상은 오늘날이라고 해서 달라지지 않았다. 교회를 다니는 그리스도인이라고 모두가 한 마음으로 주님만 바라보는 것은 아니다. 각자 다양한 이유와 동기로 인해 교회를 출석하는 것일 수도 있다는 말이다. 그러나 궁극적으로는 그리스도인이 주의 얼굴을 구하는 태도를 지니지 않으면 결코 필승의 삶을 살 수 없음을 알아야 한다. 왜 그런 것인가? 어째서 주의 얼굴을 구해야만 승리할 수 있다는 말인가? 그 이유는 끊임없이 주의 얼굴을 구하는 삶을 살지 않고서는 죄를 이기는 영적 성숙의 자리로 나아가기가 불가능하기 때문이다.

성경은 이에 대한 분명한 교훈을 우리에게 던져 준다. 역대하 12장 14절은 "르호보암이 악을 행하였으니 이는 그가 여호와를 구하는 마음을 굳게 하지 아니함이었더라."라고 기록하고 있다. 르호보암은 솔로몬의 아들로 분열 유다 왕국의 첫 왕이었다. 그는 안타깝게도 우상 숭배 문화를 들여온 사람이었다. 지혜의 왕인 솔로몬의 아들인 그가 왜 이렇게 타락해 버렸을까? 하나님의 말씀은 그가 "여호와를 구하는 마음을 굳게 하지 않았기 때문"이라고 분명하게 지적한다.

오늘날 많은 사람들이 주의 손을 구하면서도 정작 자신은 주의 얼굴을 구한다고 착각하며 신앙생활을 하고 있다. 그들은 "여호와를 구한다."는 표현의 진정한 의미가 "여호와의 손을 구하는 것이 아니라 여호와의 얼굴을 구하는 것"이라는 사실을 미처 인식하지 못하고 있다. 아니, 어쩌면 그들은 그것을 알면서도 짐짓 모르는 체 하는 것일지도 모른다. 어느 쪽이든 결과는 동일하다. 주의 얼굴을 구하지 않는 자들은 언제가 될지는 모르겠으나 결국은 "너희도 가려느냐? 요 6:67 "라는 주님의 슬픔에 잠긴 질문을 받게 될 것이다.

예수께서 누가복음 12장 32절에서 "적은 무리여 무서워 말라 너희 아버지께서 그 나라를 너희에게 주시기를 기뻐하시느니라."라고 말씀하셨을 때, "적은 무리"는 분명 주의 얼굴을 구하는 참 믿음을 가진 소수의 무리를 지칭하시는 것이라고 나는 확신한다. 내가 이렇게 확신하는 충분한 근거가 있다. 이 구절의 바로 앞 구절들인 29-31절에서 예수님은 "너희는 무엇을 먹을까 무엇을 마실까 하여 구하지 말며 근심하지도 말라 이 모든 것은 세상 백성들이 구하는 것이라 너희 아버지께서는 이런 것이 너희에게 있어야 할 것을 아시느니라."라고 말씀하시기 때문이다. 이 구절들을 다른 각도로 해석하면, "세상 백성들처럼 주의 손을 구하지 말고 주의 얼굴을 구하는 믿음을 가지라."는 권면의 말씀이다.

내가 아는 한 집사님이 있었다. 그분은 개인적으로 참으로 많은 고난을 겪은 분이었다. 그러나 삶의 극한 고통 가운데서도 주일 성수, 헌금 생활, 새벽기도 출석, 찬양대 봉사 등 표면적으로는 나무랄 데 없는 신앙생활을 하셨다. 하지만 삶의 고통이 지속되자 그분은 우울증에 시달리기 시작했다. 그 무렵부터 나와 아내는 많은 시간을 들여 그분을 상담하고, 격려하며, 세워 주려애썼다. 그러던 어느 날 너무나 충격적인 소식이 들려왔다. 그집사님이 자살로 생을 마감했다는 소식이었다. 나와 아내는 몇달 동안 그 충격에서 헤어나지 못했다. 나는 여러 날을 주님 앞에 나아가 계속해서 똑같은 질문을 반복해서 여쭈었다.

"주님, 그 집사님의 삶이 왜 이런 비극으로 끝났나요?"

"주님이 막아 주실 수는 없었나요?"

"주님, 그래도 그 집사님은 천국에 갔겠죠?"

상당히 오랜 시간이 흐른 후에 주께서 분명한 감동을 전해 주셨다.

'그는 내 손을 구하는 자였지, 내 얼굴을 구하는 자가 아니었다.'

이 감동과 함께 나는 더 이상 주님 앞에 그 집사님에 대한 질문의 기도를 드릴 수 없었다. 모든 것이 분명해졌기 때문이다.

지금 당신이 매일 온 마음을 다해 주의 얼굴을 구하고 있지 않다면 당신은 매우 위태로운 상황에 처해 있음을 깨달아야 한다. 나는 지금 당신의 교회 생활이 어떠한가를 말하는 것이 아니다.

당신은 교회에서 모든 성도에게 칭송 받는 교인일 수도 있다. 그러나 진정으로 주의 얼굴을 구하지 않는다면 당신의 모범적인 교회 생활은 사람들의 눈을 속이는 가면에 지나지 않으며, 만홀히 여김을 받지 않으시는 주님은 결코 속임을 당하지 않으신다. 목자 되신 그분은 당신의 양을 정확히 아신다.

주의 얼굴을 구하는 삶은 한 번 결단하고 행동으로 옮김으로써 끝나는 단회적인 사건이 아니다. 그것은 그리스도인이 삶 가운데서 끊임없이 추구해야 하는 연속적인 사건이다. 그렇기 때문에 성숙한 그리스도인이 아니고서는 끊임없이 주의 얼굴을 구하는 삶을 살기가 어려운 것이다. 그러나 그것이 아무리 어렵다 하더라도, 주의 얼굴을 구할 생각 자체가 없어서 출발조차 하지 못하는 것과, 주의 얼굴을 구하는 삶을 추구해야 함을 깨닫고 의식적으로 첫 발자국이라도 떼는 것은 시간이 흐르면 하늘과 땅만큼의 차이를 가져온다.

2013년 연말에 나는 뉴질랜드에서 열린 유스코스타에 강사로 초청을 받아서 한 주간을 다녀온 적이 있었다. 사실 거의 무명에 가까운 선교사인 내가 유스코스타 메인 강사로 초청될 수 있었던 데는 특별한 사연이 있었다. 그것은 코스타 국제총무인 유임근 목사가 나와 같은 대학 동아리 후배였기 때문이었다. 하지만 초청은 감사했지만 선뜻 초청에 응할지 결정하는 것은 망설

여겼다. 유스코스타가 나의 사역과는 직접적인 연관이 없었기 때문이었다. 그래서 유스코스타 강사로 섬기는 것을 허락하시는지 하나님께 기도로 여쭈어 보니, 이번에 유스코스타에 참석하는 청소년들에게 나를 통해 하실 말씀이 있다 하셔서 기꺼이 가서 강사로 섬기기로 결정했던 것이다.

마침 유스코스타가 열린 해밀턴이라는 도시에는 대학 동아리 후배인 구성모 선교사가 살고 있었다. 그는 내가 해밀턴을 방문한다는 소식을 듣고는 자기 집에서 하루를 머물고 가도록 강권했다. 그래서 나는 유스코스타가 끝나는 금요일에 시드니로 돌아오지 않고 토요일에 돌아오는 항공편을 예약했다. 그리하여 유스코스타를 마친 금요일 오후에 그가 나를 대회장에서 픽업하여 집으로 데려갔다.

사실 코스타에서 강사로 섬기는 것은 보통 체력을 요구하는 것이 아니다. 새벽부터 밤 10시까지 자신에게 맡겨진 강의나 메시지 시간을 감당해야 하는 것은 물론이고 다른 강사들이 진행하는 시간에도 빠짐없이 참석해야만 했다. 게다가 다른 사람들은 잠시 휴식을 취할 수 있는 하루 30분간 주어지는 몇 차례의 휴식시간에도 상담실을 지키며 그곳을 찾아오는 코스타 참가자들을 상담해 주어야 했다. 또한 밤 10시 이후에도 강사들끼리 강사 숙소에서 은혜를 나누다 보면 보통 새벽 3시를 훌쩍 넘기곤

했다.

　이렇게 나흘을 '구르다' 보니 코스타를 마친 후 내 몸은 말 그대로 파김치가 되었다. 그 상황에서 구 선교사는 저녁 식사를 마친 후 몇몇 가정을 초청하여 예배를 드리자고 말하는 것이 아닌가? 물론 설교는 내 몫이었다. 그러나 목사가 어떻게 예배드리자는데 반대를 할 수 있겠는가? 저녁 7시 반에 시작된 예배는 밤 9시 반이 넘어서야 끝났다. 이제 좀 쉴 수 있을까 싶었는데 그는 다과를 내오면서 은혜를 나누어 달라고 부탁했다. 그래서 그 다음 날 새벽 4시까지 서로 은혜를 나누는 시간을 가졌다. 몸은 정말로 피곤했지만, 서로 은혜를 나누는 가운데 영적 기쁨이 충만한 시간이었다.

　그때 나는 구 선교사의 아내인 김수진 선교사의 간증을 들을 수 있었다. 어느 날 김 선교사가 홀로 뉴질랜드의 산길을 운전하며 가고 있었다고 한다. 뉴질랜드는 한국의 대관령 같은 험한 산길이 많아서 조심해서 운전해야만 한다. 한쪽은 산비탈이고 다른 쪽은 낭떠러지인 곳이 많은 것이다. 김 선교사가 내리막길을 도는 순간 앞쪽에 차량이 정체되어 있는 것을 발견하고 급히 브레이크를 밟았다. 그 순간 김 선교사는 바로 뒤에서 나는 섬뜩한 급브레이크 소리를 들을 수 있었다. 룸미러로 확인해 보니 기름을 가득 실은 거대한 유조차가 과속으로 달려오다가 미처 안전

거리를 확보하지 못하고 뒤늦게 급브레이크를 밟았지만 타이어가 밀리면서 앞으로 미끄러지면서 덮쳐 오고 있었다.

김 선교사는 직감적으로 그 자리에 가만히 있다가는 유조차가 자신의 차를 깔아뭉갤 것이 분명하다는 느낌이 들어 반사적으로 운전대를 돌리면서 가속페달을 밟았다. 무작정 맞은 편 차로로 튀어나간 것이었다. 만약 반대쪽 차로에서 차가 올라오고 있었다면 정면충돌을 피할 수 없었겠지만 다행히도 올라오는 차가 없었다. 하지만 유조차는 빠져나가는 김 선교사의 차 뒤꽁무니를 들이받았고, 김 선교사의 차가 있던 자리를 지나쳐서 그 앞차의 절반을 깔아뭉개면서 겨우 멈출 수 있었다. 꽁무니를 받힌 김 선교사의 차는 두 바퀴를 돌아 산기슭에 처박혔다.

정신이 혼미해질 정도로 놀란 "김 여사"가 운전대에 머리를 박고 있을 때, 바로 그 순간 주님의 분명한 음성을 들었다 한다.

"수진아, 내가 너 살리려고 여기 있는 사람 다 살렸다!"

주님의 이 말을 들은 김 선교사에게 사고의 충격과 놀람은 순식간에 사라지고 주님의 임재로 인한 뜨거운 눈물이 뺨을 타고 흐르기 시작했다.

"주님이 날 보고 계시는구나. 주님이 날 지켜 주셨구나. 주님이 날 사랑하시는구나. 주님, 감사해요. 주님, 사랑해요."

감격에 겨운 잠시의 시간을 보내고 있는 동안, 사고와 관련된 사람들이 차에서 내렸고, 그중 한 사람이 김 선교사의 차로 와서 창문을 두드리며 말했다. "아주머니, 괜찮아요? 다행히 아무도 다친 사람이 없어요."

그는 아마도 사고의 충격으로 인해 여자 운전자가 차량 밖으로 나올 힘마저 없어서 멍하니 운전석에 앉아 있는 것이라고 생각했는지 연신 운전자를 안심시키기 위해 애를 썼다.

아마도 우리들 중 대다수는 이런 삶의 극적인 상황에서 주님의 분명한 위로의 음성을 듣는 경험을 평생 하지 못할 수도 있을 것이다. 그런 맥락에서 우리는 이런 특별한 경험을 한 분들을 아주 부러워하기도 한다. 그렇다면 나는 이렇게 묻고 싶다.

"이런 사건이 한 번 있었다고 그 사람의 삶이 늘 주의 임재로 충만하며 그 사람은 늘 주의 얼굴을 구하며 살게 될까?"

아쉽지만 특별한 사건 한 번으로 인해 주의 얼굴을 구하며 사는 삶이 완성되는 것은 결코 아니다. 물론 그 특별한 사건으로 인해 주의 임재를 강하게 느낀 후 이것을 계기로 늘 주의 얼굴을 구하는 삶을 살겠다고 결단하고 또 그렇게 노력한다면 그리될 수도 있겠지만, 대부분의 사람들은 한 번의 특별한 사건으로 인해 그와 같은 굳건한 결심을 세우고 실천해 나가지는 못한다. 그렇다면 어떻게 해야 하는가? 특별한 한 사건을 통해서가 아니라면 어떻게 해야 늘 주의 얼굴을 구하는 삶을 살 수 있는가? 그

답은 '동행'에 있다. 에녹처럼 주님과 늘 동행하면 자연스럽게 주의 얼굴을 구하는 삶을 살 수 있게 된다.

몇 년 전의 일이었다. 그날은 우리 가족에게 특별한 날이었다. 그날 아침 기적적인 기도 응답이 이루어졌던 것이다. 그것은 그동안 온 가족이 기도해 오던 큰 기도 제목이었다. 온 가족이 펄쩍펄쩍 뛰면서 좋으신 하나님을 찬양했다. 하루 종일 구름 위를 걷는 것만 같았다. 그런 다음 저녁이 되었다. 나는 깜짝 놀라고 말았다. 뜻밖에도 매우 허전한 감정을 느꼈던 것이다. 불과 그날 아침만 해도 하나님은 나에게 너무나 확실한 실체셨는데, 그날 저녁에는 마치 내 곁에 계시지 않는 분처럼 허전하게 느껴졌던 것이다.

나는 그 이유가 참으로 궁금했다. 어째서 그런 허전한 느낌이 드는지 알고 싶었다. 나는 속으로 생각했다.

"히딩크 감독이 한국 국가대표 축구팀을 이끌고 월드컵 16강에 진출했지만 여전히 배고프다고 말한 것처럼 나도 아침에 하나님의 놀라운 역사를 보았지만 여전히 하나님의 또 다른 놀라운 역사를 경험하고 싶어서 배고픈 것이 아닐까?"

이렇게 의문을 품고 있는 가운데 나를 찾는 전화가 걸려 왔다. 받아 보니 내가 존경하는 선배 선교사였다. 마침 의문도 있고 해서 그분에게 물어보았다.

"선교사님, 아침에 하나님의 놀라운 역사를 경험했는데 저녁에는 왜 이렇게 허전한 거죠?"

그분은 한 마디로 정리해 주셨다.

"라 목사님이 하나님과의 친밀감이 약해서 그렇습니다."

정곡을 찔리고 보니 그것이 바로 정답이었다! 나는 부끄러움으로 얼굴이 화끈 달아올랐다. 착각도 이만한 착각이 없었다. 하나님과의 친밀감이 부족하니, 아침에 그분의 놀라운 역사를 경험했을 때는 '당연히' 친밀감이 최고조에 달했지만 저녁이 되어 '약발이 떨어지니' 친밀감이 평상시 수준으로 떨어진 것이었다. 이처럼 하나님과 친밀하게 동행하는 삶을 매일 지속적으로 살아가지 않는다면 주의 얼굴을 구하는 삶을 살기란 결코 쉽지 않다. 이 사건 이후 나는 하나님의 기적적인 역사에 초점을 맞추기보다는 그분과 동행하는 삶에 나의 모든 신앙의 초점을 맞추고 있다. 당신도 그렇게 되기를 간절히 기도한다.

그렇다면 나에게 정문일침을 가한 그 선교사는 어떠한가? 그분은 늘 주님과 동행하면서 그분의 얼굴을 구하는 삶을 살고 계신 것일까? 이런 주제넘은 호기심을 품고 있었는데, 2013년 홍콩에서 그분을 만났을 때 선교사님은 나의 호기심에 대답이라도 하듯 근자에 그분이 경험한 사건 하나를 나에게 들려주셨다.

그날은 주일이었다 한다. 인근 현지 교회에서 예배를 마치고 사무실과 숙소를 겸하여 쓰는 건물로 걸어서 돌아가던 선교사님이 뭔가 이상한 기분을 느끼는 순간 오토바이를 탄 현지 청년 몇명이 선교사님의 손가방을 날치기해서 달아났다. 손가방 안에 들어 있던 것이라고 해봐야 낡아 빠진 흑백 노키아 핸드폰과 1달러 지폐 한 장 그리고 건물의 열쇠 꾸러미가 전부였다. 그러나 다른 것은 몰라도 열쇠가 없으면 당장 집에 들어갈 수가 없으니 선교사님은 손가방을 날치기 당한 충격으로 인해 경황이 없는 중에도 사라지는 그 청년들의 뒤통수에 대고 현지말로 간청하며 소리쳤다.

"얘들아, 열쇠는 길에 버리고 가면 안 되겠니?"

그러나 날치기 청년들은 뒤도 돌아보지 않고 곧 시야에서 사라져 버렸다. 선교사님은 혹시라도 그들이 가다가 열쇠를 버렸을 수도 있겠다는 생각에 그들이 사라졌을 것으로 짐작되는 방향을 향해 거리 좌우를 두리번거리며 걷기 시작했다. 그러면서 간절히 주님께 기도했다.

"하나님, 열쇠가 없으면 집에 못 들어가요. 제발 도와주세요."

하지만 30분 이상을 찾아보았지만 결국은 열쇠를 찾지 못했다. 그런데 이제 또 다른 문제가 생겼다. 그 나라에서는 열쇠가 든 지갑이나 손가방을 날치기한 범인이 몰래 피해자의 뒤를 미행해서 그의 집을 알아 둔 후, 얼마간의 날짜가 지난 후 그 열쇠

를 사용하여 집을 터는 경우가 종종 있다고 한다. 그래서 선교사
님은 혹시라도 있을지 모르는 미행을 떨쳐 버리기 위해 집과는
전혀 다른 방향으로 사방팔방 정처 없이 2시간 정도 걷다가 미
행이 없는 것을 재삼 확인하고는 숙소로 돌아왔다. 그리고 천만
다행으로 비상 열쇠를 간수해 둔 곳이 기억나서 그 열쇠를 사용
하여 집에 들어갈 수 있었다 한다.

그날 저녁, 늘 그러하듯 주님과 만나기 위해 기도처로 올라가
신 선교사님이 기도를 막 시작하려는데 하나님이 먼저 선교사님
의 마음에 말씀하셨다고 한다.

"너는 오늘 2시간 동안 나를 잊어버렸다."

깜짝 놀란 선교사님이 항변했다.

"아니에요. 하나님. 저는 하나님을 잊어버린 적 없어요."

"너는 열쇠를 잃어버리고 길을 헤매는 2시간 동안 나를 잊어
버렸다."

"아니에요. 그때 제가 길을 헤매면서 얼마나 하나님을 간절히
찾았는지 하나님도 아시잖아요."

"아니다. 그때 너의 모든 관심은 열쇠를 찾는 것에 집중되어
있었다. 비록 입술로는 나를 간절히 찾았지만, 너는 그때 열쇠를
찾기 위해 나를 이용하고자 한 것일 따름이었다."

그날 선교사님은 밤새 '싹싹 빌며' 하나님께 회개했다 한다.

이 이야기를 듣고 있던 나는 거의 절망감이 몰려왔다.

'아, 주의 얼굴을 구하는 이분의 수준은 나의 상상을 초월하는 구나. 나 같으면 그 시간이 정말로 주님을 가장 간절히 구한 순간이라고 주님이 칭찬해 주셨을 것 같은데, 이 선교사님은 평소에 얼마나 주님과 깊이 동행하면서 그분의 얼굴을 구하면, 이런 정도를 가지고 주님이 이렇게까지 책망하실까? 나는 과연 언제쯤 이런 수준의 동행을 경험할 수 있을까? 아니 내 평생에 그것이 가능하기는 할까?'

선교사님이 크지도 않은 목소리로 조근 조근 들려주신 이야기는 내 평생에 잊지 못할 충격으로 다가왔다.

2015년 초에 나는 그 선교사님이 사역하는 선교지를 방문할 기회를 가졌다. 그 선교사님과 한 주간 함께 생활하며 주의 얼굴을 구하는 삶에 대하여 참으로 많은 것을 배울 수 있었다. 한 주간 그분의 삶을 잘 관찰해 보니 딱 세 단어로 정리할 수 있었다. 그것은 바로 겸손, 경외, 경청^{순종}이라는 단어였다. 나의 눈에 그 선교사님은 그 세 단어의 화신처럼 보였다.

방문 일정 중 하루는 함께 사무실에서 차를 마시고 있는데 선교사님이 나에게 슬며시 말을 걸어오셨다.

"라 목사님, 대부분의 그리스도인들의 생각의 출발점은 결국 자기 자신인 것 같아요. 그들은 말로는 '주를 위해서, 주의 나라를 위해서, 주의 영광을 위해서'라고 하지만 결국 그들의 중심을 들여다보면 자기 자신이 생각의 출발점인 것을 알 수 있어요. 모든 생각의 출발점이 하나님인 그리스도인은 참으로 드문 것 같아요."

그분의 말을 듣던 나는 그 선교사님의 말씀에 나 자신을 비추어 보았다.

"나의 모든 생각의 출발점은 하나님인가?"

솔직히 자신이 없었다. 그러나 그렇다고 절망하고 주저앉아 있어서는 아무 것도 되지 않는다. 그러한 경지가 있음을 알고 더욱 주님을 의지하여 그 높은 곳을 향해 한 발자국이라도 나아가는 자세가 중요하다. 그러할 때 사랑의 주님은 우리를 격려하시며 신앙의 더 높은 차원으로 우리를 끌어올리실 것이다.

2장

주의 뜻을 바르게 분별하라

주의 뜻을 분별하는 데는 다양한 방법이 있다. 가장 근본적인 것은 기록된 말씀을 통해서이다. 주의 뜻을 구하면서 말씀을 읽는 가운데 성령님이 말씀을 통해 그분의 뜻을 알려 주시는 것이 그 무엇보다도 기본이 되고, 또 신뢰성이 높은 방법이다. 이 방법에 익숙해지지 않은 상태에서 다른 방법들을 중점적으로 추구한다면 자칫 자기의 뜻을 주의 뜻이라고 착각하게 될 위험성이 커진다. 그러므로 늘 말씀을 가까이하며 그 안에서 주의 뜻을 구해야 한다. 아울러 다른 방법을 통하여 주의 뜻을 분별하더라도 최종 확증은 반드시 기록된 말씀을 통해서 받는 습관을 길러 두어야 영적으로 잘못된 길로 가는 것을 방지할 수 있다.

누구든지 영적 성숙의 자리로 나아가고자 한다면 반드시 삶의 다양한 상황에서 주의 뜻을 바르게 분별할 수 있어야 한다. 성령님이 주시는 감동을 정확히 인지하고, 그분의 세미한 음성을 들을 줄 알아야 한다. 물론 그것은 처음부터 저절로 되는 것이 아니라 많은 시행착오와 부단한 훈련을 통해서 점차 완성되어 간다.

그런데 시행착오와 훈련의 시간을 현저히 줄일 수 있는 방법이 있다. 그 비결은 주님의 마음과 내 마음이 하나로 합해지는 것이다. 빌립보서 2장 5절에서 "너희 안에 이 마음을 품으라 곧 그리스도 예수의 마음이니."라고 권면하는 이유도 여기에 있다. 그래야만 바로 앞 절인 4절에서 말씀하는 대로, "각각 자기 일을 돌볼뿐더러 또한 각각 다른 사람들의 일을 돌보아." 주님의 기뻠을 충만하게 하는 영적으로 성숙한 자가 될 수 있기 때문이다.

어떤 사람의 마음이 주님의 마음과 하나가 된다면, 그는 거의 대부분의 상황에서 주의 뜻을 바르게 분별할 수 있다. 즉 그가 어떤 상황을 마주치게 되면 처음 드는 생각이 주의 뜻일 경우가 대부분이라는 말이다. 그에게 있어서 그 상항에서 주의 뜻을 구하는 기도는 자신에게 처음 든 생각이 주의 뜻이 맞음을 확인하는 절차에 불과하다. 그는 기도하는 가운데 '역시 그 생각이 주의 뜻이 맞구나.'라는 확증을 얻게 된다.

그러나 이렇게 되기까지는 부단한 훈련이 필요하다. 나의 경험을 예로 들자면, 이런 훈련의 초기에는 나에게 처음으로 딱 드는 생각은 나중에 기도로 깊이 여쭈어 보면 대부분 주님의 뜻과는 동떨어진 생각이었다. 수치로 환산하자면 60점, 70점이 아니라 아예 주님의 뜻과는 정반대의 생각인 경우가 많았다. 이런 일이 계속 반복되다 보니 "어쩌면 내 생각과 주님의 뜻은 이렇게도 철저히 다를까?" 하는 한탄이 절로 터져 나왔다. 심지어는 "주님께 여쭈어 보지 말고 아예 내 생각과 정반대로 행동하면 주님의 뜻일거야."라는 자조 섞인 말까지 입에서 흘러나왔다. 그러나 시간이 흐르면서 이런 상황은 조금씩 나아졌다. 지금도 완전하다고는 말할 수 없지만 그래도 지금은 합격점 이상인 것은 분명해 보인다.

주의 뜻을 분별하는 데는 다양한 방법이 있다. 가장 근본적인 것은 기록된 말씀을 통해서이다. 주의 뜻을 구하면서 말씀을 읽는 가운데 성령님이 말씀을 통해 그분의 뜻을 알려 주시는 것이 그 무엇보다도 기본이 되고, 또 신뢰성이 높은 방법이다. 이 방법에 익숙해지지 않은 상태에서 다른 방법들을 중점적으로 추구한다면 자칫 자기의 뜻을 주의 뜻이라고 착각하게 될 위험성이 커진다. 그러므로 늘 말씀을 가까이하며 그 안에서 주의 뜻을 구해야 한다. 아울러 다른 방법을 통하여 주의 뜻을 분별하더라도 최종 확증은 반드시 기록된 말씀을 통해서 받는 습관을 길러 두어야 영적으로 잘못된 길로 가는 것을 방지할 수 있다.

주의 뜻을 분별하는 또 다른 방법은 영적 지도자를 통해서이다. 나의 영적 지도자가 기도하는 가운데 나에게 권면하고 조언하는 것은 주의 뜻일 가능성이 높다. 물론 그렇다 하더라도 말씀이나 다른 방법을 통해 이를 확증하는 것을 게을리해서는 안 된다. 또 다른 방법으로는 환경을 통해서이다. 어떤 특정한 환경이 나를 어떤 곳으로 몰아간다든지 혹은 어떤 것을 시도하려 해도 기회의 문이 열리지 않는다든지 하는 것은 환경을 통해 주님이 나에게 말씀하시는 것일 수 있다. 이것 역시 말씀과 다른 방법을 통해 확증해야 한다. 그 밖에도 꿈과 환상을 통해 주의 뜻을 분별할 수 있는 방법이 있으나 이는 매우 이례적인 경우라 할 수 있으며 이것 역시 말씀과 다른 방법을 통해 확증해야 한다. 따라서 이곳에서는 말씀과 함께 주의 뜻을 분별하는 또 다른 중요한 도구인 성령의 내적 감동과 내적 음성에 관해 생각해 보도록 하겠다.

성령의 내적 감동과 내적 음성은 그리스도인이라면 누구나 경험할 수 있고, 또 경험해야 한다. 왜냐하면 예수님이 요한복음 10장 27절에서 "내 양은 내 음성을 들으며 나는 그들을 알며 그들은 나를 따르느니라."라고 말씀하셨기 때문이다. 주님을 사랑하고 그분의 뜻을 알아 순종하기 원하는 그리스도인에게 성령님은 내적 감동과 내적 음성을 통해 주님의 뜻을 알려 주신다. 물론 그 감동과 음성은 처음에는 매우 세미할 수 있기 때문에 그것이 나 자신의 감동과 나 자신의 생각이 아닌지 분별하기가 쉽지 않을 수 있으나, 자꾸 경험하다 보면 점차 분명하게 구분하는 법을 배울 수 있다.

청년 시절 나는 한국에 주둔한 미군 부대 안에 있는 버거킹 주방에서 잠시 일한 적이 있었다. 미군 부대에 속한 패스트푸드 식당이었기 때문에 모든 시스템이 미국 본토와 동일했다. 그래서 주문 역시 미국 방식으로 받았다. 무슨 말인가 하니, 고객은 자기의 입맛대로 아주 세부적인 부분까지 주문할 수 있었다. 예컨대 더블치즈와퍼에 상추와 토마토를 많이 넣고 케첩은 듬뿍 치고 머스터드는 치지 말 것을 주문할 수 있었다는 말이다. 만약 실수로 이런 주문에 케첩을 빼고 머스터드를 듬뿍 쳐서 나가면 당장 매니저에게 한 소리를 듣고 다시 만들어 주어야 했다.

실무 교육을 며칠 받은 후 처음으로 버거킹 주방에 배치된 나에게 가장 신경 쓰이는 것이 바로 이런 부분이었다. 잡음이 심한 매장 내 스피커에서 흘러나오는 상세한 주문을 정확히 인지하여 햄버거를 그대로 만들어 내야 하는 것은 보통 곤혹스러운 일이 아니었다. 당시에는 모니터 단말기로 주방에 주문 상황이 뜨는 시스템이 없었다. 게다가 그때는 내가 영어를 이제 막 본격적으로 배우기 시작한 터라 '본토 발음'의 주문은 정말 신경을 써서 듣지 않으면 주문 내역 중에서 한두 가지를 놓치는 경우가 종종 있었다. 그래서 평범하게 "와퍼 세트 하나요!" 이렇게 주문하는 고객이 그렇게 고마울 수가 없었다. 하지만 대부분의 미군들은 입맛이 제각각이었다. 그러니 하루 종일 신경을 곤두세우고 스피커로 흘러나오는 주문 내역을 듣다 보면 저녁이 되면 머리가 띵하게 아프기까지 했다.

그런데 놀라운 일이 일어났다. 두 주 정도가 지나자 주방에서 햄버거 만드는 일에 열중하면서도 스피커에서 흘러나오는 주문대로 척척 만들어 낼 수 있게 된 것이다! 스피커의 성능이 좋아졌다거나 주문을 넣는 카운터의 직원이 나를 배려하여 또박또

박 주문을 넣은 것이 아니었다. 두 주가 지나자 나의 귀가 이제는 주문하는 목소리에 익숙해져 버렸던 것이다. 그때 이후로는 아무리 상세하고 복잡한 주문이 들어와도 당황하는 일이 없어졌다.

우리가 성령의 내적 감동과 음성을 듣는 것도 마찬가지 과정이다. 처음에는 어떤 감동이 오거나 어떤 세미한 음성이 마음에 울리면, 우리는 그것이 나 자신의 감동 혹은 나 자신의 생각인지 혹은 성령님이 주시는 것인지를 구분하기가 쉽지 않다. 그래서 어떤 때는 애써 그것을 무시하고자 한다. 그러나 그런 태도로 살아가면 평생 성령님의 내적 감동과 음성을 경험할 수 없게 될 수도 있다. 일단 믿음의 첫발을 떼는 것이 중요하다. 그 감동을 따라 어떤 액션을 취해 보라. 바람직한 결과가 나타난다면 성령님이 주신 것이 맞았다는 확증이 될 것이다. 바람직하지 않은 결과가 나타난다면 나의 감동이나 생각이었을 가능성이 크다.

이렇게 여러 번 시행착오를 겪으며 시도하다 보면, 어느 순간부터는 비교적 정확히 성령님의 감동과 음성을 분별할 수 있게 된다. 그것은 마치 옛날 방식의 라디오의 다이얼을 돌려서 특정 방송국의 주파수를 맞추는 것에 비유할 수 있다. 처음 다이얼을 돌릴 때는 잡음이 심하게 나서 무슨 방송이 진행되고 있는지조차 모를 것이다. 그러나 해당 주파수에 가까이 갈수록 잡음은 점점 줄어들고, 정확한 주파수에 다이얼 눈금이 맞추어지는 순간 놀랍게도 깨끗한 음질로 들을 수 있게 된다. 단 이는 다이얼을 돌려 방송을 듣고자 하는 마음의 소원이 있고, 또 이를 실제로 행동으로 옮긴다는 가정 하에서만 진실이다.

그러나 다시 말하지만 이 과정은 시행착오와 훈련을 필요로 한다. 도움이 되기를 바라며 나의 실패담 하나를 들려주고자 한다. 언젠가 나는 아내가 전화 통화를 하는 것을 옆에서 듣게 되었다. 오랫동안 우리를 후원해 주시던 여자 집사님이셨는데, 최근 가세가 기울어서 매우 어려운 형편에 처해 있다고 했다. 남편은 지방에서 장사를 하시기 때문에 아내 되는 집사님은 혼자 지내야 하는 경우가 많았는데, 남편이 지난 몇 달째 생활비를 보내주지 못했다 했다. 그래서 급기야 집에 쌀이 떨어져 굶을 지경에 처하게 되었다 했다. 아내는 매우 안타까워하며 기도하겠다고 위로하고는 전화를 끊었다.

나는 마음이 몹시 아팠다. 우리가 선교사로 호주로 떠나오기 전에 언제나 친절하고 자상하게 우리 아이들을 챙겨 주시던 집사님의 얼굴이 떠올랐다. 그래서 큰 용단을 내렸다. 아내와 잠시 상의한 후 우리의 생활비 중 100만 원을 떼어 집사님의 통장으로 송금해 드렸다. 아내는 집사님께 전화를 걸어 송금 사실을 알리고 입금 내역이 통장에 찍히면 그것으로 급한 부분에 대한 지출을 하라고 말씀드렸다. 그런 다음 그날 저녁 기도하는데 이상하게 마음이 편하지 않았다. 마치 성령께서 내 안에서 나를 책망하시는 것 같은 감동이 있었다. 나는 도무지 이 현상을 이해할수 없었다.

'분명 주님이 기뻐하실 일을 하지 않았던가? 그런데 왜 이런불편한 감동이 오는 것일까?'

나는 의아해하지 않을 수 없었다.

며칠 지난 후 아내가 풀이 죽은 목소리로 말했다.

"여보, 그 집사님이 돈을 구경도 못해 봤다 하네요."

알고 보니 남편 집사님은 외로운 지방 생활을 하던 중 도박의유혹에 빠져 수중의 돈을 거의 다 탕진한 상태였던 것이다. 지난몇 달간 장사가 안 되어서 생활비를 부치지 못한 것이 아니라 생활비마저 도박에 털어 넣고 만 것이었다. 물론 아내 되는 집사님은 그 사실을 모르고 막연히 장사가 안 되는 줄로만 알았다. 그상태에서 우리가 보내 준 100만 원이 통장에 찍히자, 남편 집사님은 그 즉시 전액을 인출하여 당일로 다시 도박으로 탕진하고말았던 것이다.

성령님이 불편한 감동을 주신 것은 바로 그 때문이었다. 주님은 명색이 안수집사인 남편이 가정을 돌보지 않고 도박 중독에빠져드는 것을 안타까워하시며 그 가정이 바닥을 치도록 내버려 두실 요량이었다. 물론 아내 되시는 분은 그로 인해 함께 고통을 겪어야 했지만, 부부는 한 몸이라 어쩔 수 없는 일이었다. 그 와 중에 주님이 그 가정을 다루고 계시다는 것을 알지 못하고 내가 덜컥 큰돈을 송금해 버렸을 때, 아내 되는 집사님은 그 돈을 구 경도 못했고 주님의 계획은 그만큼 늦추어지게 되었던 것이다. 그래서 주님은 그 일을 기뻐하지 않으셨다. 이로써 우리 부부는 그날 값비싼 교훈을 얻었다.

만약 당신이 이렇게 나처럼 성령님이 주시는 확실한 감동을 따라 행하지 않고 자신의 생각대로 행하다가 실패를 경험했다면 다음의 격언을 기억하기 바란다.

"하나님의 사람은 넘어지더라도 앞으로 넘어져야 한다!"

이 말은 두 가지 의미를 담고 있다. 첫째는 실패를 경험하는 바람에 당황하여 경겁 중에 뒤로 나자빠지는 것이 아니라 비록 당황되더라도 하나님 앞으로 무릎 꿇으며 넘어지라는 ^{기도하라는} 말이다. 그러면 그 다음은 하나님이 알아서 처리해 주신다. 둘째 는 뒤로 넘어진다는 말은 그 사건으로 인해 낙심하며 절망하는 것이고, 앞으로 넘어진다는 것은 그 사건을 통해 배울 교훈만 배 우고 툭툭 털고 다시 일어나서 전진해 나간다는 뜻이다. 넘어지 지 않는 하나님의 사람이 위대한 것이 아니라 앞으로 넘어질 줄 아는 하나님의 사람이야말로 세상이 감당하지 못할 하나님의 사람이다.

이렇게 우리는 실수와 허물 가운데 좌충우돌하며 성장한다. 그러나 주님의 뜻을 바르게 분별하고자 하는 선한 동기가 우리 마음에서 떠나지 않는 한, 우리 안에서 착한 일을 시작하신 이가 그리스도 예수의 날까지 이루실 줄을 우리가 확신할 수 있다^빌 1:6.

최근 성령님이 주시는 감동을 분별하는 것과 관련하여 하나의 작은 해프닝이 있었다. 그동안 둘째 아들 찬별이에게 드럼을 가르쳐 주던 청년이 선교에 대한 소명을 강하게 느끼고 이집트로 1년간 단기 선교를 떠나게 되었다. 언제나 성심성의껏 찬별이를 잘 가르쳐 주셨기에 우리 부부는 그 청년에게 고마운 마음이 많았다. 아내는 마지막 수업을 마친 후 작별 인사를 하면서 그 청년에게 모금 현황을 물어보았다. 안타깝게도 그는 항공료 외에는 현재 모금된 금액이 별로 없다 했다. 아내가 집에 돌아와서 그 청년을 위해 기도하는 중에 성령님이 그에게 500불을 헌금하라는 감동을 주심을 느꼈다. 마침 큰 아들 한별이가 고등학교를 졸업하고 신학을 공부하러 미국에 간다고 하니 누가 500불을 헌금해 주신 것을 흘러 보내라는 감동을 느꼈던 것이다. 그래서 한별이에게 그 대상을 밝히지 않고 이렇게 말했다.

"한별아, 네가 최근에 받은 500불 있지? 성령님이 그것을 시드니에 있는 누군가에게 주라 하시는 데 양보할 수 있겠니?"

한별이가 대답했다.

"엄마, 죄송해요. 그 돈은 성령님이 다음 달 제가 한국에 가서 만나는 누군가에게 주라고 구체적으로 말씀하셨어요. 시드니에 있는 사람에게 줄 수는 없어요."

졸지에 모자는 이 일로 인해 서로가 받은 성령의 감동이 더 분명하다고 한동안 티격태격하며 기 싸움을 벌였다. 그런데 나중에 알고 보니 그들은 같은 사람을 두고 서로 자신의 감동이 확실하다고 주장하고 있었다. 즉 한별이는 그 드럼 선생이 이집트로 들어가기 전에 한국에서 한동안 머물 때 자신도 미국에 가기 전에 방문하는 한국에서 그를 만나 그때 그에게 500불을 헌금하려 했다는 것이다! 그것을 옆에서 지켜보던 나는 어이가 없으면서도 왠지 흐뭇한 마음을 감출 수 없었다.

성령의 내적 감동과 음성에 관해 이야기할 때, 꼭 짚고 넘어가야 할 부분이 있다. 그것은 성령의 내적 감동과 음성을 잘못 추구하면 자칫 신비주의에 빠질 수도 있음을 알아야 한다는 것이다. 기독교에는 틀림없이 신비가 존재한다. 삼위일체 하나님은 신비 그 자체이시며 천지만물과 인간의 창조 및 하나님의 모든 섭리는 신비에 속한다. 또한 예수 그리스도께 속하여 하나님을 온 마음으로 믿는 사람들에게는 하나님께서 당신의 신비에 속한 것들을 얼마든지 보여 주시고 들려주실 수 있다.

문제는 자신이 체험한 신비를 절대화하여 말씀 위에 그것을 두거나, 신비한 경험을 한 자신이 그렇지 못한 타인보다 우월하다고 느끼거나, 계속해서 신비한 것만을 추구하고자 하는 경향이다. 이런 제반 현상을 우리는 신비주의라고 부른다. 성숙한 그리스도인은 절대로 신비주의적 경향을 보이지 않는다. 그는 아무리 신비한 일이 자기에게 일어나도 그것에 심취하지 않는다. 오히려 그는 자신의 믿음을 말씀에 깊이 뿌리를 박고 그와 같은 신비한 체험을 하게 하신 하나님께 더욱 시선을 고정한다.

어린이전도협회 캠프사역을 하다 보면 캠프에 온 어린이들이 신비한 체험을 하고 이를 상담자에게 말해 주는 경우가 있다. 언젠가 내가 캠프 첫날 저녁 어린 사무엘에 관한 메시지를 들려주면서 어린이들에게 "사무엘의 이름을 부르셨던 하나님은 오늘 너의 이름도 부르실 수 있으니 오늘 밤 잠자리에 들기 전에 기도하면서 하나님이 너의 이름을 부르시는지 귀를 기울여 들어 보라."고 강하게 도전했다. 그런데 캠프에 참석했던 한 어린이가 정말로 그날 밤 기도하는 중에 자신의 이름을 부르시는 하나님의 음성을 듣고 이를 상담자에게 간증했다. 하나님은 그 아이의 이름을 부르면서 누나가 힘들게 해도 잘 참고 승리하라고 말씀하시면서 나중에 그를 하나님의 귀한 용사로 쓰겠다고 말씀해 주셨다는 것이다. 나는 이 간증을 아무에게도 나누지 않았다. 다만 캠프를 마친 후 어린이들을 보내 준 각 교회 목사님들과의 식사 자리에서 아주 간략하게 이 간증을 나누었을 뿐이다. 목사님들은 왜 그런 좋은 간증이 있으면 전체 앞에서 나누지 않았냐고 하셨지만, 내 생각은 달랐다. 캠프는 하나님의 말씀을 듣고 배움으로써 영적으로 성장하기 위한 장소이지 결코 신비한 체험을 강조하기 위한 곳이 아니기 때문이다.

이처럼 우리에게 어떤 신비한 체험이 일어난다 하더라도 주님께만 시선을 고정하고 있으면 그것 때문에 신비주의로 빠지지 않을 수 있다. 이것은 신앙의 다른 모든 영역에서도 마찬가지 원리로 작용한다. 예컨대 갑자기 돈이 많이 생긴 사람이 주님께로만 향하던 시선을 거두어 돈에 시선을 고정하기 시작하면 타락하는 것과 같은 원리이다. 신비한 현상이 자주 일어난다고 주님께로부터 시선을 거두어 신비한 현상에만 시선을 고정하면 반드시 타락이 뒤따름을 알아야 한다.

이제 최근 나에게 일어났던 조그마한 사건 하나를 소개하며 이 장을 마무리하고자 한다. 이 사건은 삶의 작은 영역에서도 주님이 주시는 감동에 민감하면 주께서 모든 영역에서 승리를 주실 것임을 당신에게 확신시켜 줄 것이다.

사역 때문에 장거리 여행을 많이 해야 하는 나에게는 체력이 무엇보다 가장 중요하다. 그래서 운동을 꾸준히 하려고 노력하는 데 잘 되지 않는다. 그래도 내가 유일하게 꾸준히 하는 운동이 있는데 그것은 탁구이다. 비록 한 번도 정식으로 배워 본 적이 없어서 폼은 엉망이지만 워낙 탁구를 좋아해서 동호회원들과 어울려 자주 운동을 즐기는 편이다. 최근에는 둘째 아들과 아내도 함께 탁구회관에 가게 되어 나의 오랜 소원이 응답되었다 ^{아들}

과 즐겁게 탁구 치는 것이 내 소원이었다. 그런데 요즘 코치에게서 정식 레슨을 받고 있는 아

들이 나와 탁구를 치면 나를 이기기 위해서는 폼이 흐트러진다고 불평하면서 나와 탁구를 치

지 않으려 한다. 이건 너무한 것 아닌가!

2014년 후반기 어느 날이었다. 그날은 회장배 아마추어 탁구대회가 열린 날이었다. 당연히 우리 가족도 하루를 재미있게 즐겼다. 오후 늦게 시합이 끝난 후 탁구협회 회장님이 몇몇 가정에게 저녁식사를 함께하자고 제안하셨다. 그래서 우리 가정을 포함하여 여섯 가정 정도가 저녁식사 자리를 함께하게 되었다. 탁구라는 매개체로 모인 자리인지라 그곳에는 교회 집사님도 계셨고, 믿지 않는 분들도 있었다.

식사를 마쳐 갈 무렵, 나는 어떤 생각이 떠오르면서 몹시 당황스러워졌다. 식사를 마치면 관례상 자연스럽게 더치페이를 하게 될 터인데 나의 지갑에 식사비가 충분치 않았던 것이다. 시드니는 물가가 워낙 비싸 한 가족이 식사를 하려면 족히 5-6만 원이

필요한데 내 지갑에는 2만 원 밖에 없었던 것이다. 그런 착각을 하게 된 이유는 아침에 집을 나설 때 분명히 10만 원 가량을 지갑에 넣고 왔지만, 탁구대회장에서 각 종목당 1만 원의 참가비를 내면서 온 가족이 8종목을 참가했기 때문이었다.

게다가 식당 주변에는 현금지급기도 없었다. 참으로 곤란한 상황에 처하게 된 것이었다. 물론 옆자리의 회원에게 돈을 빌리면 문제는 간단하게 해결된다. 하지만 나는 지금까지 선교사로 살면서 누구에게도 돈을 빌려 본 적이 없었다. 그날이라고 그 원칙을 깨고 싶지 않았다. 하지만 식사비가 없으니 누가 대신 내 달라는 말을 하기는 더욱 싫었다. 그 상황에서 나는 주님께 마음속으로 기도했다.

'주님, 죄송해요. 제가 큰 착각을 했습니다. 지갑에 돈이 충분치 않은 것을 모르고 식사 자리에 왔습니다. 실수를 용서해 주세요. 여기에는 믿지 않는 분들도 있는데 목사인 제가 그분들에게 덕이 되지 않는 일이 일어나지 않도록 도와주세요.'

이렇게 기도한 후 주님이 주시는 감동을 잠잠히 기다렸다. 잠시 후 뜻밖의 감동이 왔다.

'사다리를 타라!'

그 감동을 느끼는 순간 나는 무릎을 치며 속으로 감탄했다.

'그렇지! 한국의 여러 가지 여흥 중에 사다리 타기란 것이 있

지. 사다리를 타면 되겠다.'

직장에서 여러 사람이 갹출하여 간식을 사 먹거나 할 때 재미를 더하기 위해 사다리를 타는 경우가 종종 있는 것을 여러분도 잘 알고 있을 것이다. 사다리를 그릴 때의 원칙은 조금 심하다 싶을 정도로 돈을 많이 내는 사람과 요행히 한 푼도 내지 않는 사람이 생기도록 하는 것이다.

식사를 파할 무렵 나는 조심스럽게 좌중에 제안을 했다.

"여러분, 오늘 저희가 탁구대회도 하고 함께 식사도 하면서 참 재미있는 시간을 가졌는데, 마지막 대미를 장식하기 위해 사다리 타기를 하는 것이 어떻겠습니까?"

성령께서 분위기를 주관하시는지 반대하는 사람 하나 없이 모두들 좋은 생각이라고 한 마디씩 던졌고, 특히 회장님은 앞장서서 팔을 걷어붙이고 식당 카운터에 가서 빈 종이와 볼펜을 구해 오신 후 총무님께 그것을 넘기며 사다리를 그리도록 지시했다.

총무님은 다른 사람들이 보지 못하도록 한쪽 구석으로 돌아서서 열심히 사다리를 그린 후 종이를 반으로 접어 사람들 앞에 보여 주었다. 사다리가 아래쪽으로 반쯤 보이는 종이 밑 부분에 각각 20만 원, 10만 원, 10만 원, 5만 원, 5만 원, 0원이 적혀 있었다. 계산서를 미리 뽑아 보니 전체가 50만 원 정도 되는 모양이었다. 나는 속으로 주님께 당부를 드렸다.

'주님, 0원이 제 것이에요. 아시죠?'

이제 사람들의 긴장 어린 숨소리와 함께 사다리 타기가 본격적으로 진행되었다. 각 가정의 가장이 사다리를 타기로 했다. 사람들이 회장님에게 먼저 번호를 고르라고 했다. 회장님은 아내의 눈치를 보시더니 번호 하나를 골랐다. 번호가 정해지자 총무님은 조심스럽게 사다리를 타기 시작했고, 잠시 후 "와!" 하는 환호성과 함께 그 자리에서 일어나 신나게 춤을 추기 시작했다. 회장님이 가장 큰 액수인 20만 원에 당첨된 것이었다. 졸지에 회장님의 얼굴이 굳었고 회장님의 아내는 회장님을 곁눈질로 쏘아붙였다.

그다음 사람이 번호를 골랐다. 총무님은 다시 조심스럽게 사다리를 탔다. 잠시 후 좌중에는 모든 사람들의 탄식과 함께한 사람만이 "앗싸!" 하며 신나게 주먹을 움켜쥐는 시늉을 했다. 회장님 다음 사람이 0원에 당첨된 것이었다. 당황한 내가 주님께 항변했다.

'주님, 저것은 제 것인데 왜 저 사람에게 돌아갔나요?'

나의 당황스러운 마음과는 상관없이 게임은 계속되었다. 그다음 사람이 다른 번호를 골랐다. 총무님이 이번에도 조심스럽게 사다리를 탔다. 그런데 조금 있다가 총무님의 입에서 "엇!" 하는 소리가 터져 나왔다. 식사 자리에서 이미 소주를 두세 잔하신 총무님이 실수로 사다리 중간에서 엉뚱한 곳으로 내려가는 바람에 또다시 20만 원에 당첨되었기 때문이었다. 사실 사다리 타기에서 이런 경우는 왕왕 일어나는데, 침착하게 원래 번호로 돌아가서 다시 사다리를 타면 반드시 다른 액수에 도달하게 되는 것이 사다리 타기의 불문율이다. 그런데 아무도 예상치 못한 일이 벌어졌다. 그동안 계속 아내의 눈총을 받고 있던 회장님이 조그마한 꼬투리를 잡자마자 갑자기 벌떡 일어나 총무님의 손에서 사다리가 그려진 종이를 빼앗아 갈기갈기 찢으며 소리쳤던 것이다.

"이건 무효야!"

그 말과 함께 회장님은 찢은 종이를 입에 털어 넣고 물 한잔을 꿀꺽 삼키셨다. 어이가 없어진 모든 사람들의 항의가 뒤따랐지만 이미 사다리 자체가 없어진 상황이 되고 말았다.

어쩔 수 없이 총무님이 투덜대며 다시 사다리를 그렸다. 그리고 이번에는 회장님이 포함된 첫 번째와 두 번째 사람이 각각 5만 원씩에 당첨되어 그래도 안도하며 좋아하고 있었다. 그러나 나머지 사람들의 얼굴은 더욱 심각해졌다. 0원 외에는 모두 큰 액수만 남은 까닭이었던 때문이었다. 세 번째로 내가 번호를 고를 차례가 되었다. 나는 속으로 주님께 이렇게 말씀드리며 번호를 골랐다.

"주님, 죽으면 죽으리라는 각오로 죽을 '사'자를 고르겠습니다."

내가 고른 4번은 정확히 0원이 적힌 칸으로 떨어졌다.

이제 남은 세 사람은 정말로 심각한 얼굴이 되었다. 어떤 번호를 고르든 최소한 10만 원이었던 까닭이었다. 남은 세 사람 중 한 사람이 번호를 골랐고, 10만 원에 당첨되었다. 이제 총무님과 또 다른 회원 한 사람만이 남았다. 그때 갑자기 총무님이 종이를 한 옆으로 치우면서 소리쳤다.

"어차피 인생은 한 방 아닙니까! 그냥 가위바위보를 해서 진 사람이 남은 액수를 덮어쓰는 것으로 하시죠!"

약간 술기운에 취한 총무님이 무리한 제안을 한 것이다. 그러나 분위기가 그래서인지 남아있던 다른 회원도 이에 동의했다. 그리고 두 사람이 가위바위보를 했다. 그 결과 총무님이 이겼다.

총무님이 덩실덩실 춤을 추고 있는 가운데 우리는 모두 염려스러운 얼굴로 그 회원을 바라보았다. 그분은 몇 달 전부터 탁구를 치러 나오기 시작한 신입회원이었기에 이 일로 인해 실족할까 더욱 염려가 되었다. 잠시 후 그분이 입을 열었다.

"제가 몇 달 전부터 탁구회관에 나와서 탁구를 배우기 시작했는데, 회장님 이하 총무님 그리고 다른 회원들이 저를 환영해 주시고 참으로 친절하게 탁구의 기초를 잘 가르쳐 주셔서 언제 한

번 식사라도 대접하고 싶었는데 잘 되었습니다. 제가 오늘 전체 비용을 기쁜 마음으로 감당하겠습니다."

그 말을 들은 나는 속으로 생각했다.

'아니, 저런 좋은 말씀은 사다리를 타기 전에 하셨어야지.'

어쨌거나 그 회원이 그날 식사비 전액을 기꺼이 쾌척하셔서 식사 자리는 즐거운 분위기와 함께 마무리되었다. 식당을 나서면서 회장님이 나를 불러 꼭 껴안아 주며 말씀하셨다.

"목사님, 제가 탁구협회 임원으로 여러 해 일해 왔지만 오늘 저녁처럼 재미있었던 적이 없었습니다. 참 감사합니다."

이렇게 하여 나는 그날 무사히 가족과 함께 식사를 마치고 집으로 돌아올 수 있었다. 집에 돌아와서 그 사건을 찬찬히 복기해 보니 마치 하나님께서 나에게 이렇게 질문하시는 것 같았다.

"너는 첫 번째 사다리를 탈 때, 어떤 회원이 0원에 당첨되는 것을 보고 절망감이 들었니? 아니면 그 상황에서도 나를 신뢰했니?"

그렇다. 우리 하나님은 기도 응답을 하시되, 극적인 방법으로 하시기를 좋아하신다. 그 이유는 극적인 것 자체가 하나님과 우리에게 대단히 흥분되는 일이고 이런 맥락에서 하나님은 이 세상에서 가장 위대한 드라마 작가이시다. 천지창조로부터 노아 홍수, 홍해 사건, 십자가 사건 등 하나님이 연출하시는 드라마의 스케일은 전율이 일 정도로 압도적이다. 기대하시라. 개봉박두, 요한계시록의 종말의 드라마! , 또한 극적이지 않고 자연스럽게 응답되면 그 마음에 하나님 두기를 싫어하는 죄성에 물든 우리는 "운이 좋았겠지."라고 말하거나 "우연의 일치겠지."라고 말하면서 애써 하나님의 역사하심을 부인하려 하는 못된 습성이 있기 때문이다. 이처럼 삶의 모든 상황 가운데서 성령님의 내적 감동과 내적 음성에 순종하기 시작하면 당신은 기적이 일상이 되는 놀라운 삶을 살게 될 것이다.

3장

생각과 말과 행동에서
장성한 자가 되라

내가 그동안 믿음 생활을 했던 것을 돌이켜 보면, 하나님은 우리의 단순한 믿음을 참으로 기뻐하시는 것 같다. 합리성을 중시하는 이성적이고 논리적인 사람들은 이런 단순한 믿음을 보고 비웃을 수 있겠지만, 하나님은 오히려 이런 믿음을 귀하게 보심을 알아야 한다. 어린아이처럼 하늘 아버지를 믿고 의지하면 하나님은 그의 믿음을 따라 반드시 역사해 주신다. 믿음의 영역에서는 단순한 믿음이 장성한 믿음인 것이다.

죄가 무엇인지 정의해 보라면 죄를 보는 관점에 따라 다양하게 정의할 수 있겠지만, 복음을 어린이들의 수준에 맞게 전하고자 하는 어린이전도협회에서는 "죄란 하나님이 기뻐하시지 않는 말이나 생각이나 행동이다."라고 정의한다. 나는 이 정의가 단순하지만 죄의 특성을 정확하게 묘사하는 표현이라고 생각한다. 사람이 하나님께 짓는 죄는 그분께 불쾌한 것이며, 사람은 말이나 생각이나 행동을 통해 죄를 저지른다. 이것을 바꾸어 말하면 하나님께 불쾌하지 않은 죄는 없으며, 사람은 말이나 생각이나 행동이 아닌 다른 영역에서 죄를 짓지 않는다는 뜻이다. 혹시 이 영역 밖에서 죄를 짓는 사람을 본 적이 있는가?

그러므로 영적 필승의 삶을 살아 내는 장성한 자가 되려면 자신의 생각과 말과 행동의 영역에서 장성한 자가 되어야 함은 자명하다. 이것은 단순히 그 세 가지 영역에서 죄를 짓지 않는다는 소극적인 의미를 넘어서, 그 세 가지 영역에서 하나님이 기뻐하시는 열매를 많이 맺는다는 적극적인 의미를 내포하고 있다. 따라서 그리스도인의 삶에서 죄로 인해 거룩이 사라지면 장성한 자가 되기 위한 발판 자체가 사라지는 것과 같은 셈이다. 왜냐하면 "의와 공의가 주의 보좌의 기초라^{시 89:14}." 하신 말씀처럼 의와 공의의 하나님은 그분의 본성상 결코 죄를 용납하실 수 없기 때문이다.

이제 화제를 돌려 적극적인 의미에서 생각과 말과 행동에서 장성한 자가 되는 방법을 생각해 보기로 하자. 모든 일에 자신의 생각과 말과 행동을 잘 통제하고자 노력하는 것은 죄를 짓지 않는다는 소극적인 면에서는 적절한 것이라 할 수 있다. 실제로 히브리서 12장 4절에서는 죄와 싸우되 피 흘리기까지 대항하라고 우리에게 권면하고 있기 때문이다. 장성한 자가 되기 위한 발판으로서의 거룩을 유지하는 데는 죄와의 피나는 싸움이 필수적이다. 예를 들어 혈기를 잘 부리는 사람이 있다면 그는 자신의 약점을 미리 알고 "혈기 부리는 것을 참아야지!"하는 기본적인 마음가짐을 늘 지니고 있어야 한다는 말이다. 그리고 혈기 부릴 상황이 발생하면 "피가 날 정도로 입술을 꼭 깨물고"그 상황에서 혈기 부리는 죄를 짓지 말아야 한다. 이렇게 하면 일단 죄와의 싸움에서는 승리할 수 있다.

　그런데 사실 우리의 행동은 대부분 우리가 평소에 늘 말하던 것이 바깥으로 표출된 것이다. 부정적인 말을 입에 달고 사는 사람의 행동은 부정적인 경우가 많다. 사나운 말을 늘 입 밖으로 내뱉는 사람은 행동도 사나운 경우가 많다. 마찬가지 원리로 우리의 말은 대부분 우리가 평소에 품고 있는 생각이 입을 통해 나오는 것이다. 즉 부정적인 생각을 품은 사람이 부정적인 말을 하고 사나운 생각을 품은 사람이 사나운 말을 하는 법이다. 똑같은 원리로, 우리의 생각은 우리의 중심에서부터 나오는 것이다. 다시 말해 그의 존재 자체에서 그러한 생각이 흘러나온다는 말이다. 이것을 잠언 23장 7절에서는 "대저 그 마음의 생각이 어떠하면 그 위인도 그러한즉."이라고 하여 반대 방향의 관점에서 묘사하고 있다.

　이런 원리를 깨달으면, 생각과 말과 행동에서 장성한 자가 되기 위해서는 죄와의 피나는 싸움도 싸움이지만 그보다는 먼저 자기 존재 자체가 하나님이 기뻐하시는 사람이 되어야 함을 알 수 있다. 다시 말해 좋은 열매를 맺으려고 노력하기보다는 좋은 나무가 되고자 노력해야 한다는 뜻이다. 좋은 나무가 될 때 열매는 성령님이 저절로 맺게 해 주실 것이다. 이것을 예수님은 마태복음 12장 33절에서 정확히 지적하신다.

나무도 좋고 열매도 좋다 하든지 나무도 좋지 않고 열매도 좋지 않다 하든지 하라 그 열매로 나무를 아느니라.

예수님의 말씀대로 좋은 나무가 좋지 않은 열매를 맺을 수 없고, 좋지 않은 나무가 좋은 열매를 맺을 수는 없는 법이다.

2011년 3월 11일, 일본 미야기 현 센다이 동쪽 179km 해역에서 강력한 지진이 발생했다. 그 지진의 여파로 발생한 초대형 쓰나미가 해안 지역을 휩쓸었고 그로 인해 후쿠시마에서는 심각한 원전 사고가 발생했다. 당시 나는 그해 3월 셋째 주 일본 어린이전도협회를 방문할 예정이었고 이미 항공권까지 발권을 마친 상태였다. 일본 어린이전도협회는 이바라키 현에 위치하고 있었는데, 그곳은 도쿄와 후쿠시마의 중간쯤 되는 지역이었고 원전 사고의 직접적인 영향권 안에 있었다.

나는 3월 셋째 주 일본 어린이전도협회 방문을 취소해야 할지 혹은 예정대로 강행해야 할지 갈피를 잡을 수 없었다. 내가 어떻게 행동해야 하나님이 가장 기뻐하실까? 무턱대고 방문을 취소하는 것도, 그렇다고 무턱대고 방문을 강행하는 것도 하나님께서 기뻐하실 것 같지는 않았다. 여러 날을 기도하며 고민하다가 마침내 이렇게 결론을 내렸다.

"만약 그쪽에서 오지 말라 하지 않는 한 최선을 다해 가고자 노력해야겠다."

이렇게 결심한 나는 일본 어린이전도협회 대표에게 연락했다.

"방문을 예정대로 진행하고자 합니다. 괜찮겠습니까?"

"예, 감사합니다. 이렇게 어려울 때 와 주시면 힘이 될 것 같습니다."

그쪽에서는 오지 말라는 소리를 하지 않았다. 그래서 예정대로 방문해야겠다고 생각하고 있는데, 그 다음 날 다시 연락이 왔다.

"라 대표님, 이바라키공항이 폐쇄되었습니다."

"그럼 제가 어떻게 해야 하나요?"

"도쿄 나리타공항으로 표를 변경할 수 있는지요? 저희가 차량을 가지고 가서 대표님을 픽업하겠습니다."

"알겠습니다."

나는 즉시 여행사에 연락하여 이바라키공항 도착 편을 나리타공항 도착 편으로 바꾸었다. 어차피 이바라키공항이 폐쇄되었기 때문에 별다른 위약금 없이 표를 바꾸어 주었다.

며칠 후 그쪽에서 다시 연락이 왔다.

"라 대표님, 저희가 나리타로 갈 수 없을 것 같습니다. 이곳에서는 현재 하루에 한 사람이 휘발유 5리터만 살 수 있습니다. 그것도 서너 시간 길게 줄을 서서 기다려야 합니다. 도저히 나리타까지 갈 기름을 확보할 수 없습니다. 죄송합니다."

"그렇다면 제가 나리타공항에서 이바라키로 찾아갈 수 있지 않을까요? 기차 편이 있지 않습니까?"

"현재 도쿄와 이바라키 사이의 철도가 폐쇄되어 있고 시외버스도 다니지 않습니다. 죄송합니다. 이번에는 방문이 어려우실 것 같습니다. 다음을 기약하시는 게 좋겠습니다."

이렇게 하여 나의 일본 어린이전도협회 방문은 원전 사고의 여파로 취소되었다. 그러나 내가 최선을 다해 방문하고자 애쓰는 모습을 보여 주었기에 일본 어린이전도협회 사역자들은 방문 취소로 인한 일말의 섭섭한 감정도 나에게 품지 않았을 것이다. 내가 이렇게 하나님이 기뻐하시는 방식으로 행동할 수 있었던 것은, 그 당시 내가 어떻게 행동해야 할지를 깊이 생각했기 때문에 나온 결과라기보다는 평상시 내가 하나님 앞에서 어떤 사람이었느냐는 데서부터 자연스럽게 흘러나온 것이라고 믿어진다.

동일한 교훈을 주는 다른 선교사 한 분의 이야기를 들려주고자 한다. 그분은 인도차이나 국가에서 사역하는 어린이전도협회 선교사이다. 인도차이나 국가의 사역에서 가장 큰 어려움 중 하나는 유능한 현지 사역자를 확보하는 일이다. 우리는 흔히 그런 나라들은 소득 수준이 낮기 때문에 약간의 월급만 주면 사역자들은 얼마든지 구할 수 있을 것이라고 쉽게 생각하는 경향이 있는데, 현실은 전혀 그렇지 않다.

물론 소정의 월급이라는 미끼로 일할 사람을 구하는 것은 어렵지 않지만, 주님의 마음을 품고 전심을 다해 헌신하는 사역자는 발굴하는 것이 아니라 키워 내야 하는 것이므로 여간 어려운 일이 아니다. 선교사의 삶을 오롯이 녹여서 그 일에 투자해야만 은퇴 전까지 겨우 손에 꼽을 수 있는 몇 사람의 헌신된 사역자를 세울 수 있을 정도이다. 그렇게 헌신된 사역자를 얻었다 하더라도 선교지의 여러 가지 여건상 그에게 충분한 물질적인 보상을 해 줄 수도 없는 형편이므로 선교사는 헌신된 현지 사역자들에게 늘 미안한 마음을 지니게 된다.

상황이 이렇다 보니, 이따금씩 사역자가 이직을 하는 경우가 생겨난다. 한 선교단체에서 훈련을 받아 유능한 사역자가 되면 다른 단체가 인재가 된 그를 탐내는 경우가 생기기 때문이다. 하지만 선교단체는 대부분 재정 상황이 엇비슷하므로 실제로 한 선교단체에서 다른 선교단체로 옮겨 가는 경우는 많지 않다. 그러나 문제는 NGO 단체이다. NGO 단체는 비교적 재정 상황이 넉넉한 편이므로, 선교단체에서 잘 훈련된 사역자들을 두세 배의 월급을 제시하며 데려가 버리는 경우가 종종 있다. 그럴 경우 그 사역자를 훈련시켜서 세운 선교사가 받는 충격은 상상을 초월한다. 며칠씩 식음을 전폐하며 끙끙 앓는 것은 오히려 가벼운

편이다.

어린이전도협회의 그 선교사도 동일한 일을 여러 번 당했다. 그중 한번은 애써 키워 놓았더니 개인 신상을 핑계로 사역을 그만둔 사역자가 불과 이틀 후 바로 옆 건물의 NGO 사무실에서 버젓이 근무하는 모습을 발견한 적도 있다 한다! 이렇게 여러 번 가슴앓이를 하던 중 한 사역자가 그 선교사를 찾아왔다. 그는 몇 개월 전 NGO 단체로 이직한 사역자였다. 그는 그 선교사 앞에 무릎을 꿇고 애원했다.

"선교사님, 저의 가장 큰 실수가 선교사님과 이 단체를 떠난 것이에요. 이곳을 떠나니 월급은 많이 받는데 제가 영적으로 황폐해졌어요. 이곳이 너무 그리워서 견딜 수 없어요. 제발 다시 이곳에서 사역할 수 있도록 저를 다시 받아 주세요."

선교사로서 그 순간은 "승리의 순간"이라 할 만하지 않은가? 더 많은 월급도 필요 없고 다만 영적 양식을 공급받을 수 있는 곳으로 돌아오고 싶다니 말이다. 게다가 그는 사무실에 꼭 필요한 사역자였다. 당신이라면 어떻게 반응하겠는가? 잠시 주님께 생각을 고정하던 선교사님이 입을 열었다.

"네가 그곳에 갈 때 혹시 계약서를 쓰지 않았니?"

"예, 썼어요."

"계약서에는 계약 기간이 얼마로 되어 있니?"

"2년이라고 되어 있어요."

"그렇다면 그곳으로 돌아가서 2년 중 남은 약정 기간을 모두 채우고 돌아오너라. 그때 널 다시 받아 주겠다. 그리스도인은 약속을 생명보다 귀하게 생각해야 한다. 계약도 하나님 앞에서 한 약속인 것을 잊지 말아라."

그는 눈물을 흘리면서 그 NGO 단체로 돌아갔다. 그 선교사라고 왜 그를 당장 받아 주고 싶지 않았을 것인가? 그러나 그리스도의 장성한 분량까지 성숙한 자는 자신의 느낌과 감정대로 행동하는 자가 아니라, 모든 일에 성경이 가르치는 하나님 나라의 원리대로 생각하고, 말하고, 행동하는 자이다. 이처럼 그가 예수 그리스도께 접붙임이 되어 좋은 나무가 되기만 하면 생각과 말과 행동의 좋은 열매를 맺을 충분한 준비가 갖추어지는 셈이다.

그렇다 하더라도 생각과 말과 행동에서 장성한 자가 되는 것은 다양한 상황에서 믿음으로 반응하는 훈련을 통해 온전히 성취할 수 있다. 예컨대 자녀 문제에 어떻게 반응하는가 하는 것도 그러한 상황 중 하나가 될 수 있다. 많은 선교사들은 자신이 당하는 고난은 믿음으로 꿋꿋하게 견딜 수 있지만 사랑하는 자녀가 당하는 고난에는 믿음이 흔들리는 경우가 많다고 고백한다. 나도 최근에 그 비슷한 일을 겪었다.

작년 연말에 큰아들 한별이가 호주에서 고등학교를 졸업했다. 한국과 달리 호주는 대학 입시를 치르기도 전에 고등학교 졸업식을 먼저 한다. 감사하게도 한별이는 사람들에게 성경을 가르치는 말씀사역자로 일생을 하나님께 드리겠다고 서원했기에 신학을 공부할 계획을 가지고 있었다. 하지만 신학대학원에 진학하기 전에 영성훈련을 먼저 받는 것이 좋겠다는 생각이 들어서 아들에게 건의했더니 본인도 그렇게 생각한다고 하면서 대학 과정을 하면서 영성훈련을 받을 수 있는 곳을 알아보기 시작했다. 그러던 중 주위 분들의 권유로 미국에 있는 기독교 대학 과정의 학교를 소개받아 그곳으로 진학하기로 결정했다. 그곳에서는 사역자들이 실제적인 사역 훈련뿐만 아니라 영성 훈련을 받을 수 있는 좋은 과목들을 많이 제공하고 있었다.

그 학교에 원서를 냈고, 선교사 자녀라 그런지 어렵지 않게 입학 허가를 받았지만 문제는 미국 비자였다. 미국 학생비자를 신청해 본 사람들은 모두 절감했겠지만, 가장 어려운 조건 중 하나가 자신이나 보호자 명의의 통장에 미화 2만 불 이상의 잔고가 있음을 증명하는 것이다. 물론 잔고가 부족한 많은 사람들은 타인의 돈을 잠시 빌리거나 대행사를 통해 이 부분을 우회하여 통과하기도 한다. 그러나 한별이는 애초부터 이렇게 선언했다.

"아빠, 내가 그 학교에 가는 것이 하나님의 뜻이라면 하나님이 돈을 주실 거예요."

비자를 받아야 하는 마감 날짜가 시시각각 다가오는 가운데 나는 커다란 갈등을 느끼고 있었다. 왜냐하면 지금까지 한국에서 국내사역자로 8년 그리고 해외선교사로 13년을 사역하는 동안 나의 통장에 여유 자금이 이백만 원 이상 있었던 적이 거의 없었기 때문이었다. 따라서 며칠 내로 2,400만 원에 달하는 여유 자금이 내 통장에 잔고로 찍힐 가능성은 솔직히 제로에 가까웠다. 부끄러운 고백이지만 나는 당시 속으로 이렇게 생각했다.

'아들 녀석은 믿음이 있노라고 말하며 마감 시간이 며칠 앞인데도 태평하지만, 내 속은 타들어가는구나. 여호와께서 하늘에 창을 내신들 며칠 내로 내 통장에 2,400만 원이 들어오는 기적이 일어날 수 있을까?'

며칠을 고민하던 내게 '기발한' 해결책이 떠올랐다. 그것은 내가 관리하는 어린이전도협회 AP 구좌를 이용하는 것이었다. 사역을 위한 해외여행이 잦아서 항공 요금을 지불하기 위한 자금뿐만 아니라 현지 사역자들을 돕기 위한 자금도 비축되어 있는 AP 통장에서 미화 2만 불에 해당하는 금액을 '딱 하루만' 내 통장으로 옮겼다가 그 다음 날 다시 원상 복구 시키는 것이 내가 생각한 해결책이었다. 각각의 계좌 관리는 물론 철저히 달리 하지만 AP 구좌와 나의 구좌는 동일한 이름으로 묶여 있어서 그렇게 하는 것은 실제로 매우 간단한 일이었다. 그래서 아들에게 그렇게 하는 것이 어떨지 넌지시 제안해 보았다.

"아빠, 그건 아닌 것 같아요!"

아들은 단칼에 내 제안을 거절했다. 그때 나는 아들에게 미안하기도 했고, 그가 대견하기도 했다. 어쨌든 그 아이는 확실히 나보다 더 큰 믿음을 가지고 있었다.

이제 정말 마감 시간이 얼마 남지 않은 때였다. 고향에 계신 아버지가 모처럼 전화를 주셨다. 서로 간에 안부 인사가 끝난 후 아버지가 불쑥 말씀하셨다.

"ING 생명에서 보험 만기가 되었다고 통보가 왔더라."

난 그게 무슨 말인지 이해를 못해서 잠시 어리둥절한 상태가 되었다. 그러다가 문득 스쳐 지나가는 생각이 있었다. 내가 선교사로 나간 지 몇 년이 흐른 후에 ING 생명보험사에서 일하던 동생의 권유로 종신보험 하나를 들었던 기억이 떠올랐다. 선교사가 노후를 위한 아무 대책도 없으면 안 된다고 하도 성화를 해서 매달 20만 원씩 통장에서 자동이체가 되는 상품을 하나 들어 놓았던 것이다. 당시 동생은 질병이나 사고에도 약간의 보장이 되는 상품이라고 설명했지만, 귓등으로 듣고 까맣게 잊어버렸던 것이다. 통장에서 매달 20만 원씩 나가니 보험이 유지가 되는 것은 알았지만 만기가 언제인지도 모르는 상태였다. 내 기억으로는 '종신보험'이니 종신토록 넣어야 한다는 생각밖에 없었다. 다른 사람의 '사후 대책'에 골몰하느라 본인의 '노후 대책'에는 아예 관심이 없었던 것이다.

그런데 그것이 10년 만기 상품이었던 모양이다. 보험회사에서는 내가 해외 거주자라 미리 우편물 수령지로 통보해 둔 아버지의 집으로 만기 안내서를 보낸 것이었다. 신기한 것은 아버지께서 10년 동안 보험사로부터 우편물을 많이 받으셨는데, 한 번도 나에게 보험과 관련된 우편물을 받았다는 말씀을 하지 않으셨는데, 이번만은 나에게 말씀하셨다는 사실이다. 아마도 '만기'라는 통보가 눈길을 끌었던 것 같다.

나는 당장 보험사에 연락하여 만기환급금을 찾을 수 있는지 알아보았다. 그리고 그것은 가능했다. 보험사가 그동안의 투자에서 이익을 전혀 남기지 못해 원금에서 아주 약간 손해를 보긴 하지만 찾을 수는 있다 했다. 다만 보험을 그대로 유지하면 소정의 이자가 붙고 질병과 사고에 대한 보장이 계속되므로 만기환급금을 인출하지 않는 것이 여러 모로 유익하다고 말했다. 만기환급금 총액을 물어보니 매달 20만 원씩 10년 치에 해당하는 2,400만 원에서 10만 원이 빠지는 2,390만 원 정도였다. 이는 당시 환율로 거의 정확히 미화 2만 불에 해당했다.

정황상 이 액수는 하나님이 한별이를 위해 10년 전부터 예비하신 것이 분명해 보였으나, 혹시라도 실수하면 안 되기에 보험 만기환급금을 한별이를 위해 사용하는 것이 하나님의 뜻인지 아니면 혹시 하나님께서 그 돈을 다른 곳에 사용하기를 원하시는지 여쭈어 보았다. 감사하게도 성령님은 그 돈을 '장래의 사역자 한 사람을 키우는 데' 사용하라는 감동을 주셨다. 이렇게 하여 한별이는 무사히 미국 학생비자를 받을 수 있게 되었다. 게다가 그 돈은 나의 통장에 잠깐 들어왔다 다시 나가야 할 돈이 아니었다. 그래서 적어도 한 해 동안은 한별이가 재정에 대한 큰 부담 없이 미국에 있는 대학을 다닐 수 있는 최소한의 학비가 되었다.

내가 이렇게 '공금횡령'에 가까운 생각을 한 부끄러운 간증을 소개하는 이유가 있다. 고린도전서 10장 12절은 "그런즉 선 줄로 생각하는 자는 넘어질까 조심하라."고 권면한다. 비록 자신이 장성한 자라고 느낀다 하더라도 절대로 교만하거나 방심하면 안 된다는 말이다. 언제 어떤 상황에서 그만 믿음이 흔들려 하나님이 기뻐하시지 않는 말이나 생각이나 행동을 하게 될지 아무도 모르기 때문이다. 특히 나의 경우에서 보듯이 자녀의 문제에는 그 누구도 장담할 수 없음을 알아야 한다.

나는 이번 사건을 통해 아들이 참 대견하게 느껴졌다. 어쩌면 맹목적이랄 수 있는 아들의 믿음의 선언을 지켜보며 '믿음'이란 과연 무엇인가를 다시 생각해 보게 되었다. 그러다 내린 결론은,

"성경이 가르치는 믿음은 복잡한 것이 아니다. 성경은 하늘 아버지의 자녀 된 우리에게서 어린아이와 같은 단순한 믿음을 요구한다."라는 것이었다. 그때 이후 나는 "어린아이와 같은 단순한 믿음을 가지는 것"을 나의 믿음 생활의 목표로 삼고 있다.

내가 그동안 믿음 생활을 했던 것을 돌이켜 보면, 하나님은 우리의 단순한 믿음을 참으로 기뻐하시는 것 같다. 합리성을 중시하는 이성적이고 논리적인 사람들은 이런 단순한 믿음을 보고 비웃을 수 있겠지만, 하나님은 오히려 이런 믿음을 귀하게 보심을 알아야 한다. 어린아이처럼 하늘 아버지를 믿고 의지하면 하나님은 그의 믿음을 따라 반드시 역사해 주신다. 믿음의 영역에서는 단순한 믿음이 장성한 믿음인 것이다!

2013년 연말에 우리 가정은 교회를 옮기게 되었다. 아내가 시드니새순교회에서 3년 간 유년부 사역자로 섬기다가 사역을 내려놓게 되어서였다. 하나님의 인도하심을 구하던 중 지금 현재 우리 가정이 출석하고 있는 시드니히즈스토리교회에 정착하게 되었다. 우리 가정이 그 교회 출석을 두고 주님의 뜻을 구하던 중, 마침 교회에서는 "다니엘 선교훈련학교^{Daniel School of Ministry}"가 개설되었다. 이 학교는 연말과 연시에 걸쳐 10주간 헌신된 그리스도인 청년들이 선교사로서의 삶을 살도록 도전하는 실제적인 선교훈련 과정이었다. 이 과정을 위해 여러 나라에서 많은 전문 강사들이 와서 섬겨 주었다.

마침 그 학교의 실무 책임자가 내가 매주 출석하는 컴미션 중 보기도회의 박윤호 선교사였기에 그분은 컴미션 중보기도회원 들에게는 무료 청강을 허락해 주셨다. 그 좋은 기회를 놓치기 싫 어서 아내와 나는 거의 전 과목에 걸쳐 청강을 하게 되었다. 청 강을 계속하던 중 아내와 나는 많은 학생들이 아직 다니엘 선교 훈련학교의 등록금을 내지 못하고 있다는 광고를 듣게 되었다. 학생들 중 많은 수가 아직 정식 직장을 가지지 못한 유학생이거 나 교민 자녀들이었기 때문이었다. 여러 번 광고를 통해 학생들 의 필요를 듣다 보니 우리 마음에 부담감이 들기 시작했다.

청강을 마치고 집으로 돌아오던 어느 날 아내가 나에게 말을 걸었다.

"여보, 우리가 학생들 중 한 사람의 등록금을 내주는 것이 어 떨까요?"

"우리에게 무슨 돈이 있나요?"

알고 보니 조금의 여윳돈이 있었다. 그해 연말 호주는 모든 국 영 방송 시스템이 아날로그에서 디지털로 전면 전환되었다. 물 론 몇 년 전부터 호주 정부는 신문이나 방송을 통해 이 사실을 널리 알리고 TV를 교체하거나 디지털 셋톱박스를 달 것을 권했 지만, 개중에는 관심이 없는 사람도 있는 법이다. 나의 지인 중

한 분이 연말에 갑자기 방송이 중단되자 당황하여 알아보니 디지털방송 수신이 되는 TV로 교체해야 한다는 사실을 알게 되었다. 마침 그분과 연락이 닿아 수년째 한 번도 켜지 않고 방치해 두었던 우리 집의 중고 TV를 그분께 무상으로 드렸다. 그러나 그분은 선교사인 우리 가정의 형편을 잘 아시고 기어코 중고 TV 값에 해당하는 500불을 아내의 손에 쥐어 주었던 것이다.

"학생 한 사람당 등록금이 얼마던가요?"

내가 물었다.

"들었던 것 같은데 잘 기억이 나지 않네요."

아내의 대답에 내가 제안했다.

"그럼 내일 등록금 액수를 물어보고 등록금이 TV를 드리고 받은 금액과 동일하다면 하나님의 뜻으로 알고 헌금하도록 하죠."

이런 기도는 하나님이 왜 이렇게 잘 응답하시는지!

다음 날 박윤호 선교사에게 등록금 액수를 넌지시 물어보니 즉각 이렇게 대답하셨다.

"네, 500불입니다."

꼼짝없이 서원한 대로 한 학생의 등록금을 헌금해야 하게 생겼다. 그런데 그 다음 문제는 학생들 중 누구의 등록금을 내주는 것을 하나님이 기뻐하실까 하는 것이었다. 알아보니 아직 등록금을 전혀 내지 못한 학생이 7-8명이나 된다고 했다.

그날 집에 돌아오는 길에 다시 아내와 말을 나눴다.

"내 마음에 한 학생이 떠오르는데 당신의 생각은 어떤가요?"

"저도 한 학생이 떠올라요."

"그럼 우리 동시에 그 사람의 이름을 말해 봅시다."

이렇게 하여 동시에 그 사람의 이름을 확인해 보니, "박OO"로 똑같은 사람의 이름이 나왔다.

나는 하나님께서 그 학생의 등록금을 내주기를 원하시는 것이 확실하다는 생각이 들었다. 그러나 아내는 한 번 더 확인해야 한다고 생각했던 것 같다. 그날 밤 아내는 종이쪽지 8개를 만들어 등록금을 아직 내지 못한 학생들의 이름을 하나씩 다 적었다. 그런 다음 그것을 몇 번 접어 잘 섞은 후 둘째 아들 찬별이에게 하나를 고르라고 시켰다. 아무런 영문을 모르는 찬별이가 얼떨결에 고른 이름 역시 "박OO"였다.

그쯤에서 그쳤으면 좋으련만 아내는 그 쪽지를 다시 뒤섞은 후 거실에서 컴퓨터 작업을 하고 있던 나에게로 가져왔다.

"이번에는 당신이 한 사람을 골라 보세요."

그때까지만 해도 쪽지의 용도가 무엇인지 전혀 몰랐던 나는 아무 생각 없이 쪽지 하나를 골라 들었다. 아내가 쪽지를 펼쳐 보니 역시 "박OO"의 이름이 적혀 있었다. 아내는 그때서야 그 학생의 등록금을 내주는 것이 하나님의 뜻이 확실하다고 선언했다.

그 다음 날 우리는 500불을 봉투에 담아 박윤호 선교사에게 가져갔다. 그리고 학생의 이름을 지명하여 헌금을 하며 아무에게도 알리지 말아 달라고 부탁했다. 학생들의 형편을 잘 알고 있던 선교사님은 그것이 TV를 처분한 돈이라는 말에 깜짝 놀라셨다. 박OO 학생은 미디어를 전공하는 학생이고 교회 영상팀에서 섬기고 있는지라 TV를 처분한 돈으로 그의 등록금을 내게 된 것에는 하나님의 어떤 섭리가 있는 것 같다는 느낌이 우리 모두에게 들었던 것이다.

4장

그리스도의 본을 따르는
사랑의 화신이 되라

승리하는 그리스도인의 삶은 사랑으로 점철되어야 한다. 특히 자신에게 아무런 유익을 끼치지 못할 사람, 더 나아가 자신에게 원수 노릇을 하는 사람을 향해서 무조건적인 하나님의 사랑을 퍼부어 주어야 한다. 그리할 때, 우리는 그리스도의 본을 따르는 사랑의 화신이 될 수 있다. 예수님도 이 땅에 계실 때, 아무 조건 없이 모든 사람들에게 사랑을 베푸셨으며, 자신을 십자가에 못 박는 사람들을 위해 하나님께 용서의 기도를 올려 드렸다.

기독교를 한 마디로 요약하라면 결국은 '사랑'이라는 한 단어로 귀착된다. 하나님 사랑과 이웃 사랑이 기독교 전체를 꿰뚫는 핵심이다. 혹자는 수직과 수평으로 이루어진 십자가가 바로 하나님 사랑과 이웃 사랑을 웅변한다고 말한다. 사도 바울은 '사랑장'으로 유명한 고린도전서 13장에서, "내가 사람의 방언과 천사의 말을 할지라도 사랑이 없으면 소리 나는 구리와 울리는 꽹과리가 되고 내가 예언하는 능력이 있어 모든 비밀과 모든 지식을 알고 또 산을 옮길 만한 모든 믿음이 있을지라도 사랑이 없으면 내가 아무 것도 아니요 내가 내게 있는 모든 것으로 구제하고 또 내 몸을 불사르게 내줄지라도 사랑이 없으면 내게 아무 유익이 없느니라."라는 비장한 선언으로 사랑장을 시작한다.

세상에는 많은 형태의 사랑이 있지만 기독교에서 말하는 사

랑은 아가페 사랑, 즉 예수 그리스도의 사랑이 우리 마음에 부어
진 그 사랑을 의미한다. 따라서 죄성을 가진 우리가 그 사랑을
온전히 실천하기란 결코 쉽지 않다. 예수님은 요한복음 13장 34
절에서, "새 계명을 너희에게 주노니 서로 사랑하라 내가 너희
를 사랑한 것 같이 너희도 서로 사랑하라."라고 명령하셨다. 사
실 '서로 사랑하라.'라는 명령 자체는 새 계명이라고 하기는 어
렵다. 구약에서도 서로 사랑하라는 취지의 명령들이 있기 때문
이다. 그러나 예수님은 기존에 있던 계명의 기준을 현저히 높이
셨다. 이제 예수 그리스도를 믿는 우리는, "예수님이 우리를 사
랑하신 것 같이" 서로 사랑해야 하는 것이다. 우리를 사랑하신
예수님의 사랑은 어느 정도인가? 그것은 바로 십자가 사랑이다.
따라서 우리는 기꺼이 십자가를 지겠다는 태도로 이웃을 사랑해
야 새 계명에 합당한 사람이 될 수 있다.

승리하는 그리스도인의 삶은 사랑으로 점철되어야 한다. 특히
자신에게 아무런 유익을 끼치지 못할 사람, 더 나아가 자신에게
원수 노릇을 하는 사람을 향해서 무조건적인 하나님의 사랑을
퍼부어 주어야 한다. 그리할 때, 우리는 그리스도의 본을 따르는
사랑의 화신이 될 수 있다. 예수님도 이 땅에 계실 때, 아무 조건
없이 모든 사람들에게 사랑을 베푸셨으며, 자신을 십자가에 못
박는 사람들을 위해 하나님께 용서의 기도를 올려 드렸다.

사랑에 대한 이러한 원리는 예수님의 가르침 곳곳에서 찾아볼 수 있다. 누가복음 6장 32절에서 예수님은, "너희가 만일 너희를 사랑하는 자만을 사랑하면 칭찬 받을 것이 무엇이냐 죄인들도 사랑하는 자는 사랑하느니라."라고 말씀하시면서 차별 없는 사랑을 할 것을 우리에게 당부하셨다. 또한 누가복음 14장 12-14절에서 예수님은, "네가 점심이나 저녁이나 베풀거든 벗이나 형제나 친척이나 부한 이웃을 청하지 말라 두렵건대 그 사람들이 너를 도로 청하여 네게 갚음이 될까 하노라 잔치를 베풀거든 차라리 가난한 자들과 몸 불편한 자들과 저는 자들과 맹인들을 청하라 그리하면 그들이 갚을 것이 없으므로 네게 복이 되리니 이는 의인들의 부활시에 네가 갚음을 받겠음이라."라고 말씀하시면서 조건 없는 사랑을 할 것을 우리에게 당부하셨다.

부끄럽지만 내 삶에서 차별 없고 조건 없는 조그마한 사랑을 베풀었을 때, 하나님이 그것을 어떻게 귀하게 보시고 함께 역사해 주셨는가를 간증하면서 이 책을 마무리하고자 한다. 그것은 우리 가족이 홍콩에서 호주로 옮겨 온 직후에 일어난 일이다. 그 당시 우리 가정에서는 매주 토요일 오후에 새소식반^{Good News} Club: 어린이전도협회의 어린이 전도 및 양육 프로그램을 실시하고 있었다. 그래서 매주 20명 남짓한 어린이들이 우리 집으로 와서 말씀으로 양육 받고 있었다. 그들 중 일부는 아직 교회를 다니지 않는 어린이들이었다.

그러던 어느 날, 새소식반에 출석하는 여자 아이 하나가 우리 집으로 달려왔는데, 매우 당황한 기색이었다. 숨이 넘어가도록 급박하게 말하는 이야기를 들어 보니, 아이의 엄마가 집에서 쓰러지셨다는 것이었다. 깜짝 놀란 나는 구급차를 불러 인근 정부 병원의 응급실로 그분을 모셔 갔다. 나중에 듣게 된 그분의 사연은 참으로 가슴 아픈 것이었다.

그분은 한국에서 결혼하여 두 딸을 낳은 후 불의의 사고로 남편을 잃었다. 그 후 7년간 남편이 하던 인쇄업을 이어받아 두 딸을 잘 양육했는데, 어느 날 자신의 신세를 뒤돌아보니 아직 젊은 자신이 남편 없이 살아온 세월과 함께 아버지 없이 커가는 두 딸이 오버랩 되면서 뭔가 변화가 있어야만 하겠다는 생각이 강하게 들었다. 마침 그 무렵 평소에 알던 지인의 소개로 어떤 호주 시민권자와 선을 보게 되었다. 박 모 씨라고 하는 그 호주 시민권자는 이미 직업에서 은퇴한 나이였다. 그분은 소개받은 호주 시민권자와 나이 차이가 20년 이상 나서 탐탁지 않게 생각했는데, 박 모 씨는 적극적으로 대시하면서 두 딸의 자상한 아빠가 되어 주겠다고 구애했다. 결국 그분은 그를 믿고 결혼을 결심하고 한국에서 결혼식을 올린 후 모든 것을 정리하고 그 시민권자를 따라 두 딸과 함께 호주로 들어왔다.

그러나 그것이 불행의 시작이었다. 알고 보니 박 모 씨는 전형적인 사기꾼이었으며 술과 도박 중독자였고, 더욱 몸서리쳐지도록 추악한 사실은 이미 서너 명의 여성들을 한국에서 데려와서 그들의 정착 자금을 착복하고 빈털터리로 한국에 돌아가게 만든 사람이었다는 것이다. 이런 사실을 까맣게 모르고 그를 따라왔던 그분은 호주에 도착하자마자 불행한 생활을 할 수밖에 없었다. 박 모 씨는 교회 집사인 그분에게 교회를 다니지 못하게 했고, 비자를 핑계로 두 딸도 1년 가까이 학교를 보내지 않았다. 그리고 이웃과 안면을 트고 사귀는 것을 엄금했다. 이는 아마도 자신의 사기 행각이 조기에 발각되는 것을 방지하기 위함이었을 것이다.

그러면서 그분이 한국에서 가져온 자금이 들어있는 통장에서 매일 50만 원 정도를 인출하여 술과 도박에 낭비하기 시작했다. 이것 역시 고도로 지능적인 행동이었는데, 나중에 법정에서 문제가 되더라도 생활비로 썼다고 둘러대기 위함이었다. 그래서 하루에 일정액 이상은 절대로 인출하지 않고 그 대신 매일 조금씩 인출하는 수법을 쓴 것이었다. 또한 이로 인해 자주 부부싸움이 일어났는데, 절대로 폭력은 행사하지 않았다. 왜냐하면 호주 법에는 남자가 여자에게 폭력을 행사하면 이혼소송 시 아주 불리하기 때문이었다. 언어폭력 역시 증인이 될 수 있는 딸아이들

앞에서는 절대로 행사하지 않았지만, 단 둘이 있을 때는 거리낌
없이 언어폭력을 행사하곤 했다.

그 사이 둘째 아이가 우리 가정의 새소식반에 나오게 되어 그
아이는 일주일에 한 번 새소식반을 다니는 것이 생활의 전부인
셈이 되었다. 이렇게 약 1년 남짓이 흐른 후 <small>호주에서는 시민권자와 결혼
한 사람이 배우자 영주권을 받기까지는 평균 1년 이상 걸린다.</small>, 그분은 이대로 돈을
계속 쓰다가는 얼마 지나지 않아서 자신이 한국에서 가져온 자
금이 모두 바닥이 날 것이라는 것을 깨닫고, 공동 명의의 통장을
자신의 명의로 돌리고 남편에게는 이제부터 직접 자신에게 돈을
타서 쓰라고 말해 주었다.

그 말이 떨어짐과 동시에 박 모 씨는 불같이 화를 내면서 집을
나가 버렸다. 그리고 그날 오후에 호주 백인 경찰을 증인으로 대
동하고 와서 이혼 의사를 밝히고는 경찰이 가져온 법정 서류에
서명을 하고는 집을 나가 버렸다. 집을 나간 것 역시 이혼 의사
를 확실히 밝힘으로써 자신에게 유리한 법정 증거를 만들기 위
한 것이었다. 박 모 씨는 자기 마음대로 돈을 인출해서 쓰는 생
활이 불가능해지니 본색을 드러낸 것이었다.

상황이 이 지경이 되자, 그때서야 그분은 이 모든 것이 사기였
음을 절감하게 되었고, 그 충격으로 집에서 혼절해 버린 것이었
다. 엄마가 집에서 쓰러지자 아는 사람이라고는 한 사람도 없던

딸아이들 중 둘째가 "새소식반 선생님"이 머리에 떠올라 얼마 떨어져 있지 않던 우리 집으로 한달음에 달려온 것이었다. 앞서 말한 것처럼 나는 구급차를 불러 그분을 가까운 정부병원의 응급실로 모시고 갔다. 하루 저녁 병원에 입원하면 큰 문제는 없을 것이라고 의사가 말했기에 나는 집으로 돌아왔다.

그날 저녁 나는 다시 연락을 받았다. 그 집 아이가 아내에게 전화를 한 것이었다. 아내의 말로는 엄마가 정신병원에 입원한다고 아이가 울고불고 난리가 났다는 것이었다. 도대체 무슨 영문인지를 몰라서 나는 다시 병원으로 갔다. 그곳에서 담당 의사를 만나서 이야기를 나누었다.

"아니, 뭔가 착오가 있으신 듯합니다. 이분은 정신병원에 입원할 분이 아닙니다. 제가 보니 정신병원 병동은 밤에는 자물쇠를 채워 버려 아무도 못 나오게 하고 당직하는 분도 안 계신데 어찌 그분을 그런 시설에 보낼 수 있습니까? 이분은 정신적인 충격을 받아서 혼절한 것뿐입니다."

"그러니까 정신적인 문제 아닙니까? 그러니 정신병원에 입원하는 것이 맞지요."

의사가 대꾸했다. 나는 문화 차이를 절감했다. 의사는 정신병원에서 하룻밤을 보내는 것은 별것 아니라는 태도였다. 그분의 딸의 울부짖음도 있고 해서 한국인으로서 나는 도저히 용납할 수 없었다.

"그렇다면 차라리 그분을 다시 집으로 모시겠습니다."

내가 말하자 의사가 대꾸했다.

"그건 안 됩니다. 제가 보니 그분은 하루 정도는 요양을 해야 하는데 함부로 내보냈다가 문제가 생기면 제가 책임을 져야 합니다."

점입가경이었다. 이런 난감한 상황은 선진국이라서 일어나는 것이지만, 직접 당하는 입장에서는 받아들이기 쉽지 않았다. 내가 다시 물었다.

"그러면 어떻게 해야 그분을 집으로 모실 수 있나요?"

"보호자의 동의가 필요합니다."

"지금 보호자가 없습니다."

"그럼 누군가가 그분에게 어떤 일이 일어나더라도 전적인 책임을 지겠다고 약속하고 서류에 서명을 하면 퇴원시켜 드리겠습니다."

그렇게 하여 내가 모든 책임을 감수하겠다고 서류에 서명을 하고서야 그분은 그날 저녁 퇴원하여 집으로 돌아올 수 있었다.

다음 날 아침, 염려가 되어 아내와 함께 죽과 간단한 요깃거리를 마련하여 그 집을 찾아갔다. 그분은 밤새 우셨는지 눈이 통통 부어 있었다. 힘내시라고 권면하는데 그분이 말했다.

"목사님, 저 한국으로 돌아갈래요. 이곳에 있는 것을 도저히 견디지 못하겠어요."

경과를 들은 바가 있어서 내가 강권했다.

"지금 돌아가시면 안 됩니다. 한국에서 모든 것을 정리해서 오셨는데, 당장 돌아가서 들어가 살 집도 없지 않습니까? 게다가 아이들은요? 아이들은 이곳에서 1년 이상 학교를 다니지 않았기 때문에 전학 증명서를 뗄 수 없어 한국에 가서도 받아 주는 학교가 없을 것입니다. 아이들이 검정고시를 치르게 할 생각이신가요? 그리고 박 모 씨는 또 어떻습니까? 이대로 한국으로 돌아가시면 그는 집사님이 혼인을 파기하고 무단으로 한국으로 돌아갔다고 호주 정부에 신고하여 집사님을 출입국 블랙리스트에 올린 후 남은 재산을 자기가 다 차지하려 할 것입니다. 그게 그가 지금까지 해 온 악한 짓입니다. 집사님이 이곳에 남아 싸우면서 그가 더 이상 이런 짓을 하지 못하게 막으셔야 합니다. 집사님이 남아서 싸우겠다고 하시면 제가 힘껏 돕겠습니다."

그분은 모기처럼 가냘픈 소리로 말씀하셨다.

"목사님이 도와주시면 싸워 볼게요."

집사님이 이렇게 결심하자 당장 커다란 산과 같은 문제가 발생했다. 집사님이 호주에 남을 수 있으려면 비자 문제가 해결되어야 하는데, 박 모 씨가 아마도 이민국에 이혼을 통보했을 것이기 때문에 통상 이민국에서 출국명령서가 온 날짜로부터 2주 후에는 무조건 호주를 떠나야 하는 상황이었다. 이것을 모면하고 호주에 계속 남을 수 있는 현실적으로 유일한 방법은 그분이 가정폭력의 피해자임을 입증하고 영주비자를 받는 것뿐이었다.

나는 당장 변호사를 물색했다. 그러나 대부분의 변호사들은 이야기의 얼개를 듣자마자 고개를 좌우로 흔들었다.

"이것은 누가 봐도 사기 결혼입니다. 우선 나이 차가 너무 많이 납니다. 이민국에서는 이런 사건이 아니었더라도 당연히 사기 결혼을 의심하고 있을 것입니다. 게다가 남편이 술주정뱅이에 도박 중독자라면 우리에게 매우 불리합니다. 게다가 과거에 여러 건의 결혼사기 전력도 있고요."

호주 이민법에 대해서 무지했던 나는 변호사의 말을 듣자 흥분해서 소리쳤다.

"그렇지요, 이건 사기 결혼이지요! 사기 결혼이라는 것을 법정에서 충분히 증명할 수 있을 것입니다."

"목사님, 고정하세요. 사기 결혼이라는 것을 증명하는 순간 우리가 패소합니다. 법정의 입장은, '먼 타국으로 시집 와서 우리 국민에게 사기를 당한 것은 참 안 되었지만, 결혼은 애초에 사기인 것이 맞았으니 저희는 당신에게 비자를 드릴 수 없습니다.'라는 것이에요. 유일하게 법정을 설득하여 가정폭력의 희생자로 영주비자를 받게 할 수 있는 방법은, '처음에는 진실한 ^{Bona} ^{Fide} 결혼이었으나 시간이 흐를수록 남편이 폭력적 성향으로 바뀌어 피해를 당했다.'는 것을 입증하는 방법밖에는 없습니다. 그러나 보시다시피 모든 증거가 저희에게 불리합니다."

박 모 씨는 참으로 치밀한 자였다. 그는 이런 상황까지 훤하게 꿰뚫고는 사기극을 준비한 것이었다. 나는 할 말을 잃었다. 결국 한인 변호사들은 모두 두 손 두 발을 들었기에 이번에는 이민소송을 전문으로 하는 호주 백인 변호사를 물색하여 그중에 최고라는 평판이 자자한 변호사를 찾아갔다. 사건의 개요를 들은 그가 대뜸 말했다.

"죄송하지만 이 케이스는 승소가 불가능합니다. 하지만 호주에 계시는 기간을 연장해 드릴 수는 있습니다. 지금 당장 강제출국을 당하지 않게 해 드릴 수는 있다는 말입니다. 어차피 큰아이가 2년 후면 대학에 진학할 나이가 되니 최장 2년 정도를 연장해 드릴 수는 있습니다."

변호사의 설명을 들어 보니, 약간은 편법이지만 이렇게 하면 된다 했다. 즉 자신이 수임을 한 후 이민국에서 통보가 오는 것을 고의로 무시하는 전략이라 했다. 호주는 선진국이어서 특별히 변호사가 수임을 맡은 사건의 경우 답신이 오지 않는다 해서 이를 곧바로 처리하지는 않는다는 것이다. 게다가 필요한 경우 변호사가 적절한 핑계를 써서 보내면 최장 2년까지는 강제 출국을 시키지 않고 봐 준다는 것이었다. 물론 그렇다고 2년 후 영주권이 나온다는 보장은 전혀 없었다. 우리는 울며 겨자 먹기로 그 방법을 선택할 수밖에 없었다.

이렇게 호주에서 체류하는 문제에 대하여 한시름을 놓자마자 또 다른 거대한 산이 우리를 가로막고 있었다. 그것은 거주할 집을 구하는 문제였다. 박 모 씨가 부동산에 통보를 했는지 그들이 살던 집을 4주 이내에 퇴거해 달라는 내용증명이 부동산 업체로부터 발송되어 왔기 때문이었다. 지금도 그렇지만 호주는 셋집을 구하는 것이 여간 힘든 일이 아니었다. 하나의 셋집이 나오면 보통 토요일 오후에 그 집에 관심이 있는 모든 사람이 몰려들어 그 집을 조사한 후 원하는 사람이 원서를 써서 부동산에 제출하면 부동산에서는 그 사람의 과거 세입금 납입 경력, 신분, 직장 등을 꼼꼼히 검토한 후 한 사람의 세입자를 낙점하는 방식이었다. 당시 보통 한 집에 15명 정도가 원서를 내는 상황이었으므로, 세입금 납입 경력, 신분, 직장 등 모든 면에서 낙제점인 그 집사님이 두 딸과 함께 살 셋집을 얻는다는 것은 불가능에 가까운 일이었다. 이것은 15:1의 산술적인 확률이 아니라 150:1의 확률보다도 낮은 상황이었다.

퇴거 날짜가 하루하루 다가오자 속이 타들어갔다. 인근의 부동산 인스펙션 ^{셋집을 미리 검토하는 행위}이 있는 곳은 모두 찾아다녔다. 그 와중에 이상한 소문이 아내의 귀에 들려오기 시작했다.

"목사님이 차에 웬 젊은 여자를 태우고 다니던데, 사모님이 좀 알아보셔야 되지 않을까요?"

물론 그것은 내가 그 집사님을 태우고 이리저리 셋집을 알아보기 위해 다녔기 때문에 생긴 해프닝이었다. ^{이런 면에서 서로가 서로를 잘 아는 좁은 동네에 사는 것은 일탈을 막는 좋은 일인 것 같다.}

이렇게 애타게 노력했는데도 셋집을 구하지 못한 채 시간이 속절없이 흘러가자 이제는 정말로 마지막 벼랑 끝에 몰린 상황이 되었다. 그러던 중 부동산 인스펙션을 하는 어느 한 집을 방문하게 되었는데 정말로 기가 막힌 곳이었다. 우리 집에서 걸어서 불과 1-2분 거리에 있는 방 2개짜리 신축 아파트로 아주 깨끗하고 조용해서 그 집사님이 두 딸과 함께 지내기에는 너무나 이상적인 환경이었다. 게다가 월세도 다른 곳에 비해 그다지 비싸지 않았다.

여러 가지 조건이 좋아서 그런지 그 집에는 다른 곳보다 입주 희망자들이 훨씬 더 많이 몰려들어 있었다. 입주 희망 원서를 써서 부동산 직원에게 건넨 후 집사님을 돌려보내고 집으로 걸어오는 내 마음은 참으로 착잡했다. 너무 깨끗하고, 너무 조용하고, 너무 너무 좋은데 어차피 우리는 해당 사항이 없을 것이라고 생각하니 나도 모르게 저절로 눈물이 솟아올랐다. 바로 그때 나는 세미한 성령님의 음성을 들었다.

"편지를 써라!"

잠시 나는 이것이 무슨 의미인지를 생각해 보았다.

'편지라니? 누구에게 편지를 쓰라는 말씀인가?'

곰곰이 생각해 보니 대상이 확연하게 떠올랐다.

'그렇지, 호주는 선진국이니 사회적 신분이 어느 정도 있는 사람이 간절하게 호소하는 편지를 쓰면 파급력이 있는 나라이지. 그래 내 신분을 이용해서 편지를 써야겠다.'

급히 집으로 돌아온 나는 편지를 쓰기 시작했다.

친애하는 매니저께,

저는 오늘 OOO 주소에 소재한 부동산을 둘러보고 입주 희망 원서를 내고 온 라원준 목사입니다. 그 부동산은 제가 입주하고자 하는 것이 아니라 제가 아는 한 여성을 돕기 위함입니다. 그분은 지금 인생의 가장 암울한 터널을 지나고 있습니다. 저는 호주가 약자를 보호하고 돕는 선진 사회라고 알고 있습니다. 만약 귀사가 이분에게 그 부동산의 우선권을 주신다면 이는 그분의 평생에 잊을 수 없는 커다란 은혜가 될 것입니다.

어린이전도협회 아시아태평양 지역대표

라원준 드림

직함은 이런 데 쓰라고 하나님이 주신 것이 아니겠는가! 나는 멋진 편지지에 그 내용을 출력하여 어린이전도협회 금장을 찍은 다음 편지봉투에 넣어 집 근처에 있는 부동산 회사로 직접 갔다. 그곳에서 나는 접수하는 분에게 꼭 총괄매니저의 손에 그 편지를 전해 달라고 신신당부하고 집으로 돌아왔다. 다음 날 아침 일찍 부동산 회사의 매니저에게서 전화가 왔다. 내용인즉, 내가 부탁하는 그 여성에게 입주 우선권을 주기로 했다는 것이다! 나는 하나님께 깊이 감사하고 집사님께 이 사실을 알렸다. 감사하게도 그 집에 입주할 수 있는 날짜가 저쪽 집을 비워 주어야 하는 날짜와 하루 상간으로 아슬아슬하게 맞아떨어졌다.

이사 날짜가 되어 이사 업체를 섭외하여 당일 아침 트럭을 대동하여 저쪽 집으로 갔다. 그 집의 거의 모든 가구와 집기는 그 집사님이 한국에서 가져온 돈으로 구입한 것이므로 당연히 집사님에게 권리가 있었다. 그곳에 도착해 보니 뻔뻔스럽게도 박 모 씨는 커다란 이삿짐센터 트럭을 불러서 이삿짐을 뺄 준비를 하고 있었다. 아마도 집사님이 탈진하여 한국으로 돌아간 것이라고 착각한 듯했다. 그는 화들짝 놀랐지만 짐짓 태연한 척했다. 그렇게 하여 우리는 무사히 이사를 마쳤다.

그 후 2년 가까이 세월이 흘렀다. 과연 변호사의 말대로 이민국에서는 어떤 조치도 취하지 않았다. 그러나 비영주권자로서

브릿징비자 ^{Bridging Visa: 비자 신청 결과가 나올 때까지 임시로 거주할 수 있도록 허가} ^{해 주는 비자} 상태로 호주 사회에서 산다는 것은 쉽지 않은 일이었다. 다행히 아이들은 공립학교에 다니게 되어 교육비는 따로 들지 않았지만 생활비와 집세가 만만치 않았던 것이다. 집사님은 파트타임으로 일을 했지만, 그것만으로는 역부족이어서 한국에서 가져온 돈을 계속해서 쓰면서 살 수밖에 없는 구조였다.

그러던 어느 날 아내가 집사님의 전화를 받았다. 전화기 너머로 펑펑 우는 집사님의 목소리가 들렸다.

"사모님, 이제는 포기할래요. 더 이상 버틸 힘이 없어요. 저한국으로 돌아갈래요. 주변의 모든 사람들이 절대로 영주권이나오지 않을 것이라고 말해요. 영주권이 나오면 손에 장을 지지겠다는 사람까지 있어요. 아무런 희망도 없는데 언제까지나 이렇게 살 수는 없어요."

집사님이 그렇게 격하게 반응하신 데는 이유가 있었다. 세월이 흘러 큰딸이 대학을 가게 된 것이다. 시드니대학교라는 명문대의 수학과에 합격했지만 당장 입학금으로 2,000만 원 정도를 내라는 통지서를 받고 보니 억장이 무너져 내린 것이었다. 집사님의 통곡 소리를 들은 아내와 나는 마음이 몹시 무거웠다. 그래서 그날 우리 부부는 의논을 했다.

"지금까지 집사님 가정을 위해 기도해 왔지만, 오늘부터 일주

일간 특별 작정기도를 합시다. 하나님께 그 집사님의 문제를 해결해 달라고 매달립시다."

이렇게 하여 우리 부부는 작정기도를 시작했다. 그런데 불과 이틀만이었다. 호주 변호사에게서 전화가 온 것이다. 대뜸 그가 말했다.

"OOO 씨 서류 받아 가세요."

그 말을 들은 나는 올 것이 왔다는 생각이 들었다. 2년을 버틴 변호사도 더 이상은 버틸 수 없어서 서류를 돌려주려는 것이라고 생각했다.

"예, 잘 알겠습니다. 그럼 서류를 받은 후에 어떻게 하면 되나요?"

"이민국에 가서 영주비자를 받으시면 됩니다."

나는 내 귀를 의심했다. 잠시 멍하게 있던 내가 질문했다.

"예, 뭐라고요? 뭘 받는다고요?"

"영주권 비자가 나왔습니다."

도저히 믿을 수 없어서 재차 질문했다.

"죄송합니다. 뭘 받는다고 하셨습니까?"

"영주권 비자라니까요? 내 말이 잘 안 들리나요?"

전화를 끊은 나는 믿기지 않는 소식에 어안이 벙벙했다. 그리고 정말 집사님은 이민국에 가서 영주비자를 받아오셨다. 이 모든 일이 진행되는 동안 우리는 마치 구름 위를 걷는 것 같았다.

'어째서 영주권이 나왔을까?'

도무지 이해하기 어려웠다. 그래서 변호사를 통해 수소문해 본 결과는 기적 그 자체였다.

놀랍게도 그 영주권은 박 모 씨의 배우자로 인정한다는 영주권이었다. 하나님의 어떤 개입이 있으셨던지, 박 모 씨가 형식적으로 낸 배우자 영주권 서류가 2년 만에 통과가 되어 영주권이 떡하니 나온 것이다! 물론 박 모 씨는 당연히 이혼 사실을 이민국에 통보했겠지만, 그 서류는 아마도 알 수 없는 이유로 분실된 것 같았다.

전후 사정을 들어 보니 하나님이 하신 일이 분명했다. 하지만 조심스러운 마음에 나는 변호사에게 물어보았다.

"혹시 영주권이 잘못 발급된 것을 이민국이 알게 되면 취소될 수 있지 않은가요?"

"물론 잘못 발급된 영주권을 취소할 수 있는 법적 근거는 있습니다. 그러나 이런 케이스가 나중에 드러나는 일은 드뭅니다. 그리고 혹시라도 자체 감사 중에 발견된다 하더라도 담당자를 징계하는 수준에서 그치지 영주권 자체를 취소하지는 않을 것입니다. 왜냐하면 일종의 피해자인 그분이 영주권 취소 사례를 들고 방송국으로 찾아가면 골치가 아파지기 때문입니다."

그랬다. 영주권은 완벽하게 안전한 경로로 나온 것이었다. 나는 다시 변호사에게 물어보았다.

"그럼 박 모 씨는 어떻게 되는가요?"

"그는 더 이상 이런 나쁜 짓을 하기 어려울 것입니다. 그가 다시 한국에서 결혼하여 배우자 비자를 신청하면 이민국에서는 '당신의 배우자는 어디 두고 다시 결혼했습니까?'라고 반문할 것이기 때문입니다."

하나님이 하시는 일은 완벽했다. 결혼이민 사기꾼인 박 모 씨의 차후 사기 행각도 막아 주신 것이다.

내가 마지막으로 변호사에게 물어보았다.

"수임료는 얼마를 드리면 되나요?"

"저는 한 푼도 받을 수 없습니다. 제가 한 일이 아무 것도 없으니까요. 어느 날 그냥 영주권을 주겠다는 서류가 저의 사무실로 우송되어 온 것뿐입니다."

하나님은 당신이 하신 일임을 알게 하시려고 변호사 비용조차 한 푼도 들지 않게 하신 것이다. 영주권을 받은 후 나는 집사님께 농담조로 말했다.

"자, 이제 우리 장을 사서 함께 다니면서 사람들의 손가락을 지지고 다닙시다."

며칠 후 아내가 또 다른 놀라운 소식을 전해 주었다.

"여보, 그 집의 큰딸이 영주권을 받게 되자마자 학비가 2,000만 원에서 700만 원으로 줄었어요. 대학에 진학하는 영주권자에게는 외국 유학생과는 달리 큰 폭의 호주 정부의 보조금이 있다네요. 그런데 더 놀라운 것은 기초과학인 수학을 공부하려는 '기특한' 학생을 격려하는 차원에서 정부가 나머지 등록금마저도 거의 보조를 해 주고 그 집에서 내야 할 돈은 50만 원이 전부라 하네요."

나는 기나긴 고통의 터널을 지나온 그 가정을 위로하시는 하나님의 손길을 느꼈다. 영주권을 받은 직후 집사님은 상당한 액수의 돈을 봉투에 넣어 나에게 가져오셨다.

"목사님, 그동안 너무나 수고해 주셨어요. 정말 작은 성의의 표시니 받아 주세요."

나는 사랑의 마음을 담아 집사님을 질책했다.

"집사님, 그 돈 도로 넣어 두세요. 아이들이 아직 학교를 다니는 중이니 집사님은 이제부터 정말 돈을 아끼셔야 합니다. 다시는 이런 사기꾼을 만나지 말고 하나님만 의지하고 살아가세요."

이렇게 해서 그 가정은 시드니에 잘 정착했고, 지금도 행복하게 살고 있다.

나가면서

청춘은 봄이다! 주님과 동행하는 신앙인은 영원한 청춘이자, 그가 걸어가는 인생길에는 천국의 봄의 향기가 가득하다. 아가 2장 10-13절에서는 이렇게 노래하고 있다.

> 나의 사랑하는 자가 내게 말하여 이르기를 나의 사랑, 내 어여쁜 자야 일어나서 함께 가자 겨울도 지나고 비도 그쳤고 지면에는 꽃이 피고 새가 노래할 때가 이르렀는데 비둘기의 소리가 우리 땅에 들리는구나 무화과나무에는 푸른 열매가 익었고 포도나무는 꽃을 피워 향기를 토하는구나 나의 사랑, 나의 어여쁜 자야 일어나서 함께 가자.

오늘도 우리 주님은 이 위대한 여정에 당신을 초청하고 계신다. 그렇다, 우리에게는 이미 겨울이 지나갔다. 하나님 없이, 하나님을 잃었던, 온 영혼이 꽁꽁 얼어붙어 아무런 소망이 없었던 영적 겨울은 주 예수님을 만남으로 이미 지나간 것이다. 이제 우리 앞에는 신앙의 청춘의 봄이 펼쳐져 있다. 그 달콤한 동행에 함께하자고 신랑 되신 주님이 우리를 재촉하신다.

무엇이 당신을 머뭇거리게 하는가? 도전하는 청년이 아름다운 것처럼 신앙의 높은 경지를 향해 도전하는 그리스도인 청년이 아름답다. 도전 정신을 잃어버리고 현실에 안주하고자 하는 청년의 마음은 이미 노년인 것이다. 마찬가지로 신앙의 높은 경지로 나아가고자 하는 도전 정신을 잃어버리고 타성에 젖은 종교생활을 하는 그리스도인 청년의 마음은 이미 노년이라고 할 수 있다. 이런 청년은 결단코 필승의 삶을 살 수 없다.

산 아래에서 산을 한 바퀴 두르는 길을 힘껏 달리는 사람과 산 위를 향해 힘겹게 한 걸음을 내딛는 사람은 시간이 흐를수록 전혀 다른 입장에 처하게 된다. 산 아래에서 달리는 사람은 달리고 또 달려도 그 끝이 보이지 않는 산길에 절망감을 느끼게 되고, 분명 몇 시간 전에 달렸던 그 산길을 또다시 달리고 있다는 느낌에 어차피 열심히 달려 보았자 달라지는 것은 없다는 자포자기의 심정으로 필연적으로 서서히 달리는 속도를 줄이게 된다. 그때부터 그는 산길을 함께 가는 사람들과 어울리면서 그들과 보조를 맞추게 되고, 그들과의 다양한 대화를 통해 산행의 즐거움을 맛보고자 한다. 경치 좋은 곳이 있으면 그들과 함께 앉아서 간식을 먹는 즐거움을 누리기도 하고, 계곡물에 발을 담그고 수다를 떠는 재미도 누린다.

반면 산 위를 향해 나아가는 사람은 한 걸음, 한 걸음이 보통 힘든 것이 아니다. 평지가 아니라 가파른 산 위를 향해 나아가는 것이기 때문이다. 또한 자기처럼 산 위를 향해 가는 사람도 거의 찾아볼 수 없어서 외로움을 느끼기 십상이다. 언제나 이 산을 정복할 수 있을지 위를 쳐다보아도 정상은 보이지 않고 까마득한 높은 곳에 구름이 걸려 있는 것만 눈에 들어온다.

그러나 놀라운 것은 한 발, 한 발 정상을 향해 나아가면서 문득 아래를 내려다보면 자신이 참으로 많이 올라왔다는 사실을 깨닫는다는 것이다. 저 밑에 있는 사람들이 개미떼처럼 보이며 이제는 구름이 손에 잡힐 듯하다. 그리고 얼마 후, 문득 정신을 차려보니 이미 산꼭대기를 정복해 버린 자신을 발견한다! 산정에서 아래를 내려다보는 그의 심정은 통쾌하기 이를 데 없다. 그동안의 모든 어려움이 그 순간 하나로 보상을 받는다.

사랑하는 그리스도인 청년들이여! 이제 이 책을 손에서 놓으며, 무의미하게 반복되는 종교생활을 평생 계속해 나갈 것인지 혹은 사랑하는 주님이 함께 가자고 하시는 신앙의 저 높은 산정으로 주님과 함께 출발할 것인지를 결정하기 바란다. 어쩌면 그 결정이 당신의 청춘을 빛나게 해 줄 최고의 결정이 될 수도 있을 것이다. 마지막 당부로, 지나고 보면 청년의 때는 생각보다 훨씬 빨리 바람처럼 지나간다는 사실을 말해 주고 싶다. 그러니 세월을 아껴야 한다.

아멘! 주 예수여, 어서 오시옵소서!